中华人民共和国退役军人保障法

注释本

法律出版社法规中心　编

法律出版社
LAW PRESS CHINA
·北　京·

图书在版编目（CIP）数据

中华人民共和国退役军人保障法注释本 / 法律出版社法规中心编. -- 北京 : 法律出版社, 2025 (2025.9 重印).
(法律单行本注释本系列). -- ISBN 978 - 7 - 5197 - 9908 - 3

Ⅰ. D922.505

中国国家版本馆 CIP 数据核字第 2025NM2238 号

中华人民共和国退役军人保障法注释本
ZHONGHUA RENMIN GONGHEGUO TUIYI JUNREN BAOZHANGFA ZHUSHIBEN

法律出版社法规中心 编

责任编辑 翁潇潇
装帧设计 李　瞻

出版发行 法律出版社
编辑统筹 法规出版分社
责任校对 冯高琼
责任印制 耿润瑜
经　　销 新华书店

开本 850 毫米 × 1168 毫米 1/32
印张 4.5 **字数** 125 千
版本 2025 年 3 月第 1 版
印次 2025 年 9 月第 2 次印刷
印刷 涿州市星河印刷有限公司

地址:北京市丰台区莲花池西里 7 号(100073)
网址:www.lawpress.com.cn
投稿邮箱:info@lawpress.com.cn
举报盗版邮箱:jbwq@lawpress.com.cn
销售电话:010 - 83938349
客服电话:010 - 83938350
咨询电话:010 - 63939796

书号:ISBN 978 - 7 - 5197 - 9908 - 3
定价:16.00 元

编辑出版说明

现代社会是法治社会，社会发展离不开法治护航，百姓福祉少不了法律保障。遇到问题依法解决，已经成为人们处理矛盾、解决纠纷的不二之选。然而，面对纷繁复杂的法律问题，如何精准、高效地找到法律依据，如何完整、准确地理解和运用法律，日益成为人们“学法、用法”的关键所在。

为了帮助读者快速准确地掌握“学法、用法”的本领，我社开创性地推出了“法律单行本注释本系列”丛书，至今已十余年。本丛书历经多次修订完善，现已出版近百个品种，涵盖了社会生活的重要领域，已经成为广大读者学习法律、应用法律之必选图书。

本丛书具有以下特点：

1. 出版机构权威。成立于1954年的法律出版社，是全国首家法律专业出版机构，始终秉承“为人民传播法律”的宗旨，完整记录了中国法治建设发展的全过程，享有“社会科学类全国一级出版社”等荣誉称号，入选“全国百佳图书出版单位”。

2. 编写人员专业。本丛书皆由相关法律领域内的专业人士编写，确保图书内容始终紧跟法治进程，反映最新立法动态，体现条文内涵。

3. 法律文本标准。作为专业的法律出版机构，多年来，我社始终使用全国人民代表大会常务委员会公报刊登的法律文本，积淀了丰富的标准法律文本资源，并根据立法进度及时更新相关内容。

4. 条文注解精准。本丛书以立法机关的解读为蓝本，给每个条文提炼出条文主旨，并对重点条文进行注释，使读者能精准掌握立法意图，轻松理解条文内容。

5. 配套附录实用。书末“附录”部分收录的均为重要的相关法律、法规和司法解释，有的分册还附有典型案例，使读者在使用中更为便捷，使全书更为实用。

需要说明的是，本丛书中“适用提要”“条文主旨”“条文注释”等内容皆是编者为方便读者阅读、理解而编写，不同于国家正式通过、颁布的法律文本，不具有法律效力。本丛书不足之处，恳请读者批评指正。

我们用心打磨本丛书，以期待为法律相关专业的学生释法解疑，致力于为每个公民的合法权益撑起法律的保护伞。

法律出版社法规中心

2025 年 2 月

目　　录

《中华人民共和国退役军人保障法》适用提要 …………………… 1

中华人民共和国退役军人保障法

第一章　总则……………………………………………………… 5
第 一 条　立法目的和立法依据……………………………… 5
第 二 条　适用对象…………………………………………… 6
第 三 条　退役军人的权益保障……………………………… 8
第 四 条　退役军人保障工作的方针、原则 ……………… 9
第 五 条　退役军人保障、安置原则及特别优待机制…… 10
第 六 条　退役军人的责任…………………………………… 12
第 七 条　管理体制…………………………………………… 13
第 八 条　加强信息化建设…………………………………… 14
第 九 条　经费………………………………………………… 15
第 十 条　社会力量支持和帮助……………………………… 15
第十一条　表彰、奖励 ……………………………………… 15
第二章　移交接收………………………………………………… 16
第十二条　制定年度移交接收计划…………………………… 16
第十三条　退役军人的安置地………………………………… 17
第十四条　持证明按时报到…………………………………… 17
第十五条　退役军人优待证…………………………………… 18
第十六条　人事档案管理……………………………………… 19
第十七条　户口登记…………………………………………… 19
第十八条　社会保险…………………………………………… 20

第 十 九 条　移交接收问题的处理…………………… 21
第三章　退役安置……………………………………… 22
第 二 十 条　退役军人安置………………………… 22
第二十一条　军官退役安置方式…………………… 23
第二十二条　军士退役安置方式…………………… 24
第二十三条　义务兵退役安置方式………………… 26
第二十四条　不同安置方式的适用条件…………… 28
第二十五条　优先安置……………………………… 28
第二十六条　编制和待遇保障……………………… 29
第二十七条　停发退役金…………………………… 30
第二十八条　伤病残退役军人安置………………… 30
第二十九条　拥军优属和家属安置………………… 31
第 三 十 条　退役安置办法制定…………………… 33
第四章　教育培训……………………………………… 34
第三十一条　教育培训基本制度…………………… 34
第三十二条　教育培训体系………………………… 34
第三十三条　军人退役前的培训和继续教育……… 35
第三十四条　国家教育资助………………………… 36
第三十五条　入学、复学 …………………………… 37
第三十六条　职业技能培训补贴等相应扶持政策…… 38
第三十七条　对培训质量的检查和考核…………… 39
第五章　就业创业……………………………………… 40
第三十八条　鼓励、扶持退役军人就业创业 ……… 40
第三十九条　对退役军人就业创业的指导和服务…… 41
第 四 十 条　残疾退役军人就业优惠政策………… 42
第四十一条　免费或优惠的就业创业服务………… 43
第四十二条　优先招录、招聘退役军人及退役军人
复职复工…………………………………… 44

第四十三条　面向退役军人招考的各种岗位…………… 45
第四十四条　服役年限计算为工龄………………………… 47
第四十五条　创业优惠服务…………………………………… 48
第四十六条　退役军人创业优待…………………………… 48
第四十七条　招用退役军人享受优惠政策……………… 49
第六章　抚恤优待…………………………………………… 50
第四十八条　普惠与优待叠加原则………………………… 50
第四十九条　建立统筹平衡的抚恤优待量化标准
体系………………………………………………………… 50
第 五 十 条　社会保险待遇…………………………………… 51
第五十一条　安置住房优待…………………………………… 53
第五十二条　就医优待………………………………………… 53
第五十三条　公共交通、文化和旅游优待 ……………… 54
第五十四条　收治或集中供养孤老、生活不能自理的
退役军人…………………………………………………… 55
第五十五条　对生活困难的退役军人给予帮扶援助…… 56
第五十六条　残疾抚恤………………………………………… 57
第七章　褒扬激励…………………………………………… 59
第五十七条　荣誉激励机制…………………………………… 59
第五十八条　迎接仪式………………………………………… 60
第五十九条　光荣牌…………………………………………… 60
第 六 十 条　参加重大庆典活动…………………………… 61
第六十一条　参与爱国主义教育和国防教育…………… 62
第六十二条　先进事迹宣传…………………………………… 64
第六十三条　编录地方志的退役军人的名录和事迹…… 65
第六十四条　烈士纪念设施的建立及修缮、保管 ……… 66
第八章　服务管理…………………………………………… 67
第六十五条　建立健全退役军人服务体系……………… 67

第六十六条　服务保障工作…………………………………… 68
第六十七条　加强思想政治教育工作………………………… 69
第六十八条　保密教育和管理………………………………… 70
第六十九条　宣传与退役军人相关的法律法规和政策制度……………………………………………… 71
第 七 十 条　建立健全退役军人权益保障机制……………… 72
第七十一条　指导、督促退役军人保障工作 ……………… 73
第七十二条　退役军人保障工作责任制和考核评价制度……………………………………………… 74
第七十三条　接受社会监督…………………………………… 75
第七十四条　检举、控告 …………………………………… 76
第九章　法律责任……………………………………………… 77
第七十五条　对退役军人工作主管部门及其工作人员依法给予处分的情形……………………………… 77
第七十六条　其他负责退役军人有关工作的部门及其工作人员的违法责任……………………………… 79
第七十七条　拒绝或者无故拖延执行退役军人安置任务的法律责任………………………………… 79
第七十八条　退役军人弄虚作假骗取退役相关待遇的法律责任……………………………………… 80
第七十九条　调整退役军人退役待遇………………………… 80
第 八 十 条　法律衔接………………………………………… 81
第十章　附则…………………………………………………… 82
第八十一条　中国人民武装警察部队的法律适用……… 82
第八十二条　文职干部与军队院校学员的法律适用…… 82
第八十三条　参战退役军人、参试退役军人相关规定 …… 83
第八十四条　其他人员安置管理…………………………… 84
第八十五条　施行日期……………………………………… 84

附　录

中华人民共和国国防法（节录）（2020.12.26 修订）………… 85
中华人民共和国军人保险法（2012.4.27）…………………… 86
退役军人安置条例（2024.7.29）……………………………… 93
军队转业干部安置暂行办法（2001.1.19）…………………… 109
伤病残士兵退役交接安置工作规程（试行）（2012.10.20）…… 121
军队离休退休干部服务管理办法（2021.12.1 修订）………… 126

《中华人民共和国退役军人保障法》适用提要

2020年11月11日，第十三届全国人大常委会第二十三次会议审议通过了《退役军人保障法》①，自2021年1月1日起施行。《退役军人保障法》是一部系统完备的保护退役军人权利的基础性法律，对于加强退役军人保障工作，维护退役军人合法权益，让军人成为全社会尊崇的职业具有非常重要的作用，能够为做好新时代退役军人工作提供法治保障。《退役军人保障法》共10章85条，主要内容如下：

1. 明确退役军人工作的基本原则

一是确定工作原则。规定退役军人工作坚持中国共产党的领导，坚持为经济社会发展服务、为国防和军队建设服务的方针，遵循以人为本、分类保障、服务优先、依法管理的原则。二是明确退役军人的权利义务。规定国家尊重、优待退役军人，保护退役军人的合法权益，同时要求退役军人模范遵守宪法和法律法规。三是确立工作体制。明确了退役军人工作主管部门、其他有关机关、军队有关部门的各自职责。

2. 规范退役军人的移交接收

一是明确责任主体。规定退役军人原所在部队应当将退役军

---

① 为方便读者阅读，本书中的法律法规名称均使用简称。

人移交安置地退役军人工作主管部门接收。二是完善工作程序。要求退役军人在规定时间内到安置地退役军人工作主管部门报到,并对退役军人的档案移交、户口登记等事项作了规定。三是改进军地衔接机制。规定在移交接收过程中,退役军人发生与服现役有关的问题,由其原所在部队负责处理;发生与安置有关的问题,由安置地政府负责处理。

3. 提高退役军人的安置质量

一是完善安置方式。国家采取退休、转业、复员、逐月领取退役金、自主就业、安排工作、供养等方式,对退役军人予以妥善安置。二是加强安置保障。规定转业军官、安排工作的军士和义务兵,由机关、群团组织、事业单位和国有企业接收安置,并按照规定给予编制保障。对转业军官,明确由政府根据工作需要和其德才条件以及在军队的职务、等级等因素安排工作岗位,做好职务职级确定工作。三是树立鲜明的安置导向。对有参战经历等情形的退役军人,予以优先安置。

4. 创新退役军人教育培训

一是完善退役前的教育培训。规定军人退役前,所在部队可以提供职业技能储备培训,组织参加高等教育自学考试和高等学历继续教育,以及非学历继续教育。二是完善教育优惠政策。明确高等学校通过单列计划、单独招生等方式招考退役军人;现役军人入伍前已被普通高等学校录取或者是正在就学的学生,退役后在入学、复学等方面享受相关教育优惠政策。三是加强职业技能培训。规定国家依托相关教育资源为退役军人提供职业技能培训。

5. 加大就业创业扶持力度

一是加强就业支持。规定机关、群团组织、事业单位和国有企业同等条件下优先招录、招聘退役军人。二是拓宽就业渠道。要求各地设置一定数量的基层公务员职位面向服现役满五年的高校毕业生退役军人招考。三是加大创业支持力度。规定相关创业孵化基地和创业园区优先为退役军人提供创业服务，退役军人及其创办的小微企业可以申请创业担保贷款。

6. 加大优待和褒扬力度

一是明确普惠与优待叠加的原则。规定政府在保障退役军人享受普惠性政策和公共服务基础上，结合服役贡献和各地实际情况给予优待。二是合理确定优待范围。明确在社会保险、住房、医疗、交通、文化等方面，对退役军人给予相应优待。三是强化荣誉激励。规定国家对做出突出贡献的退役军人予以表彰、奖励；退役军人服现役期间获得表彰、奖励的，退役后按规定享受相应待遇；地方政府应当为退役军人家庭悬挂光荣牌。

7. 完善管理和监督制度

一是推进服务体系建设。规定政府应当建立健全退役军人服务体系，加强退役军人服务机构建设。二是加强教育管理。规定退役军人工作主管部门、接收安置单位等应当加强对退役军人的思想政治教育和保密教育管理；军人服现役期间受到纪律处分且影响恶劣的，退役军人受到刑事处罚或者受到治安管理处罚且影响特别恶劣的，视情节轻重中止、降低或者取消其相关待遇。三是强调依法维护退役军人合法权益。规定退役军人工作主管部门应当为退役军人维护合法权益提供支持，公共法律服务有关机构应当依法提供必要的帮助。

中华人民共和国
退役军人保障法

（2020年11月11日第十三届全国人民代表大会常务委员会第二十三次会议通过　2020年11月11日中华人民共和国主席令第63号公布　自2021年1月1日起施行）

第一章　总　　则

第一条　【立法目的和立法依据】[①]为了加强退役军人保障工作，维护退役军人合法权益，让军人成为全社会尊崇的职业，根据宪法，制定本法。

条文注释[②]

本条是关于立法目的和立法依据的规定。

一、本法的立法目的

1. 加强退役军人保障工作

随着经济社会的快速发展、国防和军队改革的深入推进，退役军人保障工作面临着新形势新任务新变化，有必要制定一部系统完备的法律，为做好新时代退役军人保障工作提供法治保障。因此，本

①② 条文主旨、条文注释为编者所加，仅供参考。

法的出台势在必行。本法旨在建立一个完善的退役军人保障制度，确保退役军人在离开军队后能够得到妥善的安置和保障。这包括对退役军人的就业、教育、医疗、住房等方面的全面保障，以维护他们的合法权益，提高他们的生活水平。

2. 维护退役军人合法权益

退役军人在服役期间为国家做出了重要贡献，是社会主义现代化建设不可或缺的重要力量，他们在退役后应当享有与其付出相对应的权益。《退役军人保障法》的出台，有助于明确退役军人的权益范围，规范相关保障工作，防止他们的权益受到侵害。

3. 让军人成为全社会尊崇的职业

党的十九大报告指出，"让军人成为全社会尊崇的职业"。这是对军人职业地位的高度认可和尊重，体现了国家对军人的关怀和尊重。军人不仅是一个职业，更是一种精神、一种信仰。他们具备坚定的理想信念、强烈的爱国情怀和无私的奉献精神，是国家和民族的脊梁。因此，让军人成为全社会尊崇的职业，有助于弘扬这种精神，激励更多的人投身国防事业，为国家的繁荣富强贡献力量。

二、立法依据

宪法是国家的根本大法，具有最高的法律地位，是党和人民意志的集中体现，也是国家各项制度和法律法规的总依据。本法遵循宪法的基本原则和精神，并将宪法关于军人的相关的原则性内容具体化，为宪法规定的有效实施提供了途径。《宪法》第 45 条第 2 款规定，"国家和社会保障残废军人的生活，抚恤烈士家属，优待军人家属"。本法对退役军人的移交接收、退役安置、教育培训、抚恤优待等内容作了详细规定，有效地落实了宪法的相关规定。

关联法规

《宪法》第 45 条第 2 款；《国防法》第 64 条

第二条　【适用对象】本法所称退役军人，是指从中国人民解放军依法退出现役的军官、军士和义务兵等人员。

条文注释

本条是关于本法适用对象的规定。

一、依法退出现役

退役军人是从中国人民解放军中依法退出现役的人员，成为退役军人的前提是退出现役。《兵役法》《现役军官法》《中国人民解放军现役士兵服役条例》等法律法规中都有军人退出现役的相关规定，军人退役需要经过相关部门的批准。《现役军官法》第7章专章规定了军官退出现役的条件、程序以及退出现役后的安置等。需要注意的是，根据《中国人民解放军纪律条令（试行）》第219、220条的规定，对于被除名、开除军籍的人员，不得享受国家对退出现役军人的优待，不属于本法规定的退役军人。

二、退役军人的范围

退役军人主要包括军官、军士和义务兵等人员。

1. 军官

军官是被任命为排级以上职务或者初级以上专业技术职务，并被授予相应军衔的现役军人。根据《中国人民解放军军官军衔条例》第7条的规定，军官军衔分为三等十级：(1)将官：上将、中将、少将；(2)校官：大校、上校、中校、少校；(3)尉官：上尉、中尉、少尉。军官退出现役后，根据本法规定予以安置。

2. 军士

本法所称军士实际上是指现役士官。士官从服现役期满的义务兵中选取，或者从军队院校毕业的士官学员中任命，也可以从非军事部门具有专业技能的公民中直接招收。士官军衔按照军衔等级分为：(1)高级士官：一级军士长、二级军士长、三级军士长；(2)中级士官：四级军士长、上士；(3)初级士官：中士、下士。

下士为士官最低军衔，一级军士长为士官最高军衔。

3. 义务兵

义务兵是指服义务兵役制的士兵。义务兵服现役的期限为2年。

除此之外，本法在附则部分对武装警察部队依法退出现役的警官、警士和义务兵进行了规定。

第三条　【退役军人的权益保障】退役军人为国防和军队建设做出了重要贡献，是社会主义现代化建设的重要力量。

尊重、关爱退役军人是全社会的共同责任。国家关心、优待退役军人，加强退役军人保障体系建设，保障退役军人依法享有相应的权益。

条文注释

本条是关于退役军人的权益保障的规定。

一、退役军人的定位

对退役军人保障工作进行立法，首先要明确退役军人的定位。退役军人为国防和军队建设做出了重要贡献，是党和国家的宝贵财富，是社会主义现代化建设的重要力量。他们在部队是战斗力建设的主力军，在地方是国家建设的生力军。广大退役军人脱下军装后，积极投身改革开放和社会主义现代化建设时代大潮，争做对党忠诚、艰苦奋斗、遵纪守法的模范，自觉为党分忧、为国奉献、为民服务。

二、社会责任

尊重、关爱退役军人是全社会的共同责任，这是退役军人保障工作的根本出发点。全社会应当根据本法以及相关法律法规等的规定，做好保障工作，通过各种形式体现对退役军人的尊重和关爱，为他们送去帮助和温暖。

三、国家责任

国家对退役军人的责任主要包括：(1)关心、优待退役军人。国家应在政治上、经济上给予退役军人相应的荣誉和待遇。各地各部门应当按照本法规定，落实退役军人各项待遇和优待，保护退役军人合法权益，将党和国家对退役军人的关系、优待落到实处。(2)加强退役军人保障体系建设。全面建立退役军人服务保障体系，在县级以上各级人民政府部门建立退役军人服务中心，加强优抚医院、光荣院、军休干部服务管理机构建设。(3)保障退役军人依法享有相应的权益。各级人民政府要确保相关法律中明确规定的退役军人各项权益得到有效落实,充分体现出国家对于军人服役贡献的褒扬,吸引更多优秀青年参军入伍。

第四条 【退役军人保障工作的方针、原则】退役军人保障工作坚持中国共产党的领导,坚持为经济社会发展服务、为国防和军队建设服务的方针,遵循以人为本、分类保障、服务优先、依法管理的原则。

条文注释

本条是关于退役军人保障工作的方针和原则的规定。

一、党的领导

中国共产党的领导是中国特色社会主义最本质的特征,是中国特色社会主义制度的最大优势,党是最高政治领导力量。做好退役军人保障工作,必须毫不动摇地坚持中国共产党的领导,充分发挥党的政治优势和组织优势。要把党的领导充分贯穿于退役军人保障工作的各方面全过程,不断健全完善退役军人保障工作组织管理体系、政策制度体系。

二、工作方针

坚持为经济社会发展服务、为国防和军队建设服务的方针,强调了退役军人保障工作不仅要关注退役军人的个人权益和福祉,还要将其融入经济社会发展和国防军队建设的大局中去。通过为经济社会发展服务,退役军人可以发挥其在军队中培养的技能和素质,为国家的经济建设贡献力量。同时,为国防和军队建设服务则体现了对退役军人继续为国家安全和发展做出贡献的期望和认可。

三、工作原则

退役军人保障工作的原则主要包括:(1)以人为本。这是退役军人保障工作贯彻以人民为中心发展理念的具体体现。要以退役军人为中心,以解决他们的实际困难为重点,真正为他们排忧解难,维护好退役军人的根本利益。(2)分类保障。这意味着退役军人保障工作要充分考虑退役军人在国防和军队建设中贡献的大小,根据不同情况，在安置、教育培训、就业创业、抚恤优待等方面，进行妥善的安排。(3)服务优先。在退役军人保障工作中，要始终把为退役军人提供优质服务放在首位，确保他们的合理需求得到满足。退役军人保障工作相关部门和人员要积极主动地为退役军人提供全方位的服务，包括安置、教育培训、就业创业、抚恤优待等方面的帮助和支持。同时，还要注重提高服务质量和效率，确保退役军人能够及时、便捷地享受到各项保障政策和服务。(4)依法管理。依法管理原则要求，要把政策法规建设摆在突出位置，加强法治建设，构建以退役军人保障法为主干，涵盖就业安置、待遇保障、抚恤优待、荣誉激励、教育管理等各领域的退役军人政策制度体系。退役军人保障工作必须严格按照法律法规进行，确保所有政策和措施都在法律框架内运行。

第五条　【退役军人保障、安置原则及特别优待机制】退役军人保障应当与经济发展相协调，与社会进步相适应。

退役军人安置工作应当公开、公平、公正。

退役军人的政治、生活等待遇与其服现役期间所做贡献挂钩。

国家建立参战退役军人特别优待机制。

条文注释

本条是关于退役军人保障、安置原则及特别优待机制的规定。

一、基本保障原则

退役军人保障的基本原则包括：(1)与经济发展相协调；(2)与社会进步相适应。随着经济的增长和社会的进步，退役军人的保障水平也应当相应提高，以确保他们能够享受到与国家发展相匹配的待遇和服务。但是，要把握住我国的基本国情是仍处于并将长期处于社会主义初级阶段，要在基本国情的基础上，统筹规划、协调推进退役军人保障工作，既要尽心尽力，又要量力而行。

二、退役安置原则

(1)公开，即有关单位需依据相关法律法规，及时通过多种途径向退役军人通报关于安置的法律法规、政策细节、安置条件、具体结果及待遇保障等信息，确保退役军人全面知晓安置工作的相关情况，同时，公开的内容必须符合法律规定，且有关单位需严格做好保密工作，切实保护退役军人的个人信息不被泄露。

(2)公平，即退役军人在安置相关的法律法规和政策面前享有平等的权利。在安置工作的所有环节中，必须严格实施“阳光安置”政策，确保所有操作合法合规，并坚决禁止任何违反规定确定退役军人安置待遇的行为。

(3)公正，要求退役军人的安置结果、享有的优惠政策等必须与其服役期间所做贡献相匹配，确保服役贡献越大者，安置后的待遇保障越优厚。同时，还需充分考虑退役军人的岗位经历、专长、德才表现及工作需求，以实现妥善安置、合理使用人才，让每位退役军人都能发挥所长、各得其所。

三、确定待遇原则

退役军人的待遇与其服现役期间所做贡献挂钩，这历来是退役军人工作的一项重要原则。

退役军人的政治待遇，是一种国家对于退役军人的精神激励，主要包括：(1)参加党组织生活。军人退役后，仍应当按照党章党规，积极参与党组织活动。(2)其他政治待遇。例如，退役军人可以在按照有关规定参加重大庆典活动时，着退役时的制式军装，并佩戴服现役期间和退役后荣获的勋章、奖章、纪念章等徽章。

退役军人的生活待遇，主要包括经济补助、医疗保障、养老保险以及其他相关福利，如抚恤和生活补助、军龄补贴、逐月领取退役金、就业与创业支持等。

四、特别优待机制

为了对参战退役军人表达崇高敬意和特殊褒奖，在全社会弘扬参战退役军人的爱国主义精神和革命英雄主义精神，引导树立优待参战退役军人的良好社会风尚，本条第4款规定了国家建立参战退役军人特别优待机制。本法在退役安置、抚恤优待等方面对参战退役军人给予重点保障。

第六条　【退役军人的责任】退役军人应当继续发扬人民军队优良传统，模范遵守宪法和法律法规，保守军事秘密，践行社会主义核心价值观，积极参加社会主义现代化建设。

条文注释

本条是关于退役军人责任的规定。

退役军人的责任主要包括：

(1)继续发扬人民军队优良传统。人民军队的优良传统，是指我军在长期战争和建设实践中沿传下来的革命军人特有的思想、作风、纪律、制度以及行为方式等。军人退役后仍然应当继续做人民军队优良传统的积极实践者和传播者，将人民军队的优良传统融入社会生活和工作岗位中。

(2)模范遵守宪法和法律法规。宪法是国家的根本法，是治国安邦的总章程。法律是从属于宪法的强制性规范，是宪法的具体化。全面推进依法治国，建设社会主义法治国家，遵守宪法和法律法规是每个公民应尽的基本义务。退役军人作为公民的重要组成部分，应当遵守宪法和法律。

(3)保守军事秘密。军事秘密是国家秘密的重要组成部分，泄露军事秘密可能会对国家安全、国防和军队建设带来严重危害。军人服役期间，在一定程度上知道了军事领域的秘密事项，其无论是现役还是退役都要保守军事秘密。

(4)践行社会主义核心价值观。社会主义核心价值观包括富强、民主、文明、和谐，自由、平等、公正、法治，爱国、敬业、诚信、友善。本条规定“践行社会主义核心价值观”，广大退役军人要深入学习、深刻领会社会主义核心价值观的重点要义和内容精髓，始终以社会主义核心价值观为思想引导、以社会主义核心价值观遵循为基本行为准则，以实际行动践行社会主义核心价值观。

(5)积极参加社会主义现代化建设。退役军人在军队接受严格训练，具有许多优秀品质，是社会主义现代化建设的重要力量。军人退出现役之后，要继续在各自的岗位上为我国社会主义现代化建设做出贡献。

第七条 【管理体制】国务院退役军人工作主管部门负责全国的退役军人保障工作。县级以上地方人民政府退役军人工作主管部门负责本行政区域的退役军人保障工作。

中央和国家有关机关、中央军事委员会有关部门、地方各级有关机关应当在各自职责范围内做好退役军人保障工作。

军队各级负责退役军人有关工作的部门与县级以上人民政府退役军人工作主管部门应当密切配合，做好退役军人保障工作。

条文注释

本条是关于退役军人工作管理体制的规定。

一、各级退役军人工作主管部门的职责

退役军人事务部作为国务院组成部门，贯彻落实党中央关于退役军人工作的方针政策和决策部署，在履行职责过程中坚持和加强党对退役军人工作的集中统一领导。主要职责包括拟订退役军人思想政治、管理保障和安置优抚等工作政策法规并组织实施，褒扬彰显退役军人为党、国家和人民牺牲奉献的精神风范和价值导向；负责军队转业干部、复员干部、离休退休干部、退役士兵和无军籍退休退职职工的移交安置工作和自主择业、就业退役军人服务管理工作；等等。

二、其他有关部门的职责

退役军人保障工作包括退役安置、教育培训、就业创业、抚恤优待等多个方面，涉及党政军多个部门。除退役军人工作主管部门外，中央和国家机关其他有关部门还包括中央组织部、中央宣传部、中央编办、教育部、民政部、财政部、人力资源和社会保障部、文化和旅游部、国家医保局等部门；中央军事委员会有关部门，包括中央军委政治工作部、后勤保障部、国防动员部等部门；地方各级有关机关也包括上述相关的部门。各有关部门要依照本法相关规定，在各自职责范围内协同做好退役军人保障相关工作。

三、有关部门应当配合做好退役军人保障工作

军人退役后到地方安置，需要地方提供多种服务，及时做好接收安置，开展教育培训、就业创业、抚恤优待、困难帮扶等工作。军队各级负责退役军人有关工作的部门与县级以上人民政府退役军人工作主管部门应当密切配合，做好退役军人保障工作。

第八条　【加强信息化建设】国家加强退役军人保障工作信息化建设，为退役军人建档立卡，实现有关部门之间信息共享，为提高退役军人保障能力提供支持。

国务院退役军人工作主管部门应当与中央和国家有关机关、中央军事委员会有关部门密切配合，统筹做好信息数据系统的建设、维护、应用和信息安全管理等工作。

条文注释

本条是关于加强信息化建设的规定。

一、加强信息化建设

本条第1款规定，国家加强退役军人保障工作信息化建设。退役军人保障工作信息化建设包括以下内容：一是以服务退役军人和其他优抚对象、服务科学管理为根本，构筑“退役军人服务 + 互联网”平台，为退役军人提供生活就业、创业、居住等全面、立体、综合化服务等。二是加强退役军人数据库建设，为政府部门科学决策、精准服务提供数据支撑和参考依据。三是深刻把握退役军人工作的特质特征整合汇聚中央和国家有关机关、中央军事委员会有关部门的信息数据实现有关部门之间信息共享。

二、加强信息化工作的管理

信息化建设是提升退役军人保障工作管理水平的重要手段，根据本条第2款的规定，国务院退役军人工作主管部门应当与中央和国家有关机关、中央军事委员会有关部门密切配合，统筹做好信息数据系统的建设、维护、应用和信息安全管理等工作。有关部门应当加强协作，做好信息化管理工作，共同推进退役军人保障工作的现

代化管理。

第九条 【经费】退役军人保障工作所需经费由中央和地方财政共同负担。退役安置、教育培训、抚恤优待资金主要由中央财政负担。

条文注释

本条是关于经费保障的规定。

根据本条规定，退役军人保障工作所需经费的负担主体是中央和地方财政共同负担。退役军人保障工作包括很多方面，其中退役安置、教育培训、抚恤优待资金主要由中央财政负担。具体负担情况，按照国家有关规定执行。

第十条 【社会力量支持和帮助】国家鼓励和引导企业、社会组织、个人等社会力量依法通过捐赠、设立基金、志愿服务等方式为退役军人提供支持和帮助。

条文注释

本条是关于社会力量为退役军人提供支持和帮助的规定。

我国退役军人人数众多，除了政府部门依法履行职责外，还应当充分调动社会力量对退役军人提供支持和帮助，为退役军人提供更好的服务。社会力量包括企业、社会组织、个人等。其中，社会组织包括社会团体、基金会、社会服务机构等。各类社会力量提供支持和帮助的方式包括捐赠、设立基金、志愿服务等。

第十一条 【表彰、奖励】对在退役军人保障工作中做出突出贡献的单位和个人，按照国家有关规定给予表彰、奖励。

条文注释

本条是关于表彰、奖励的规定。

为系统规范退役军人事务领域表彰奖励工作，进一步推动退役军人事务领域表彰奖励规范化、科学化，激励广大退役军人建功新时代、激励退役军人事务系统展现新作为，2020 年 1 月，中共中央组织部、人力资源和社会保障部、退役军人事务部、中央军委政治工作部等军地相关部门联合印发《退役军人事务工作表彰奖励办法》。

该办法明确，退役军人事务领域表彰奖励设置3个常设项目：一是“全国模范退役军人、全国退役军人工作模范单位及个人”，表彰周期5年；二是“全国双拥模范城（县）、全国双拥模范单位和全国双拥模范个人”，表彰周期4年；三是“退役军人服务保障先进单位及个人（含军休工作先进单位及个人、先进军休干部）”，表彰周期5年，一般在项目一表彰后2至3年实施。其中，全国模范退役军人、全国退役军人工作模范个人、全国爱国拥军模范个人、全国拥政爱民模范个人获得者，享受省部级表彰奖励获得者待遇（军队人员获奖者享受待遇，按军队有关规定执行）。

关联法规

《退役军人事务工作表彰奖励办法》

第二章　移交接收

第十二条　【制定年度移交接收计划】国务院退役军人工作主管部门、中央军事委员会政治工作部门、中央和国家有关机关应当制定全国退役军人的年度移交接收计划。

条文注释

本条是关于制定年度移交接收计划的规定。

根据本条规定，国务院退役军人工作主管部门、中央军事委员会政治工作部门、中央和国家有关机关应当制定全国退役军人的年度移交接收计划，一般分为退役军官和退役士兵移交接收计划。其中国务院退役军人主管部门是指退役军人事务部。

第十三条 【退役军人的安置地】退役军人原所在部队应当将退役军人移交安置地人民政府退役军人工作主管部门，安置地人民政府退役军人工作主管部门负责接收退役军人。

退役军人的安置地，按照国家有关规定确定。

条文注释

本条是关于退役军人安置地的规定。

一、退役军人移交、接收主体

退役军人原所在部队与安置地人民政府的退役军人工作主管部门，共同承担着依法开展退役军人移交接收工作的责任和义务。(1)退役军人原所在部队应当将退役军人移交安置地人民政府退役军人工作主管部门。退役军人安置计划下达后，退役军人原所在部队应当及时为其办理相关手续，做好移交工作。(2)安置地人民政府退役军人工作主管部门负责接收退役军人。安置地人民政府退役军人工作主管部门应当按照移交接收计划，做好接收工作。

二、退役军人安置地的确认

退役军人安置地的确定，坚持以人为本，主要从有利于退役军人工作生活的基本原则出发，结合相关规定条件和本人意愿，合理确定。退役军人移交安置，主要分为依托本人安置、依托配偶安置和依托父母安置三种，具体适用条件由国家另行规定。

关联法规

《退役军人安置条例》第43－49条

第十四条 【持证明按时报到】退役军人应当在规定时间内，持军队出具的退役证明到安置地人民政府退役军人工作主管部门报到。

条文注释

本条是关于持证明按时报到的规定。

一、退役军人报到时间

退役军人安置是一项计划性很强的工作，有明确时间要求，各项工作应当按照时间要求及时完成。军队转业和离退休干部离队后接到部队关于到安置地报到的通知后，应当按照通知要求的报到时限办理报到手续。退休士官和国家供养退役士兵，通常根据移交、接收和安置的具体情况确定报到时间。退休军官的报到程序，参照移交政府安置的军队退休干部的有关规定执行。集中移交的安排工作退役士兵应当在接收安置通知书规定的时间内，自主就业退役士兵和非集中移交的安排工作退役士兵应当自被批准退出现役之日起30日内办理报到登记手续。

二、军队出具的退役证明

军队出具的退役证明是军人退役的重要凭证。军队转业干部，一般持师以上机关开具行政、组织、工资、保险等相关介绍信到地方报到。退役士兵持退出现役证件、介绍信（集中移交的还应有接收安置通知书）到安置地退役军人工作主管部门办理报到登记。

第十五条　【退役军人优待证】安置地人民政府退役军人工作主管部门在接收退役军人时，向退役军人发放退役军人优待证。

退役军人优待证全国统一制发、统一编号，管理使用办法由国务院退役军人工作主管部门会同有关部门制定。

条文注释

本条是关于退役军人优待证的规定。

2020年，《关于加强军人军属、退役军人和其他优抚对象优待工作的意见》出台，该意见规定，建立优待证制度。国家坚持统筹兼顾、稳步推进的原则，充分运用信息技术手段，逐步为退役军人和“三属”统一制作颁发优待证，作为享受相应优待的有效证件。本条从法律层面上规定了优待证制度。本条明确，安置地人民政府退役军人工作主管部门在接收退役军人时，向退役军人发放退役军人优待证。退役军人优待证全国统一制发、统一编号，管理使用办法由国务院退役军人工作主管部门会同有关部门制定。

第十六条　【人事档案管理】军人所在部队在军人退役时，应当及时将其人事档案移交安置地人民政府退役军人工作主管部门。

安置地人民政府退役军人工作主管部门应当按照国家人事档案管理有关规定，接收、保管并向有关单位移交退役军人人事档案。

条文注释

本条是关于人事档案管理的规定。

军人档案是军人入伍、履历、政治思想、服役表现、晋级晋衔晋职、伤病残情况、家庭及社会关系等的历史记载，是全面了解军人服役经历、确定其退役后各项待遇的依据，是国家档案的重要组成部分，军人所在部队对人事档案负有保管义务，并在军人退役时按国家有关规定进行流转和移交。

安置地人民政府退役军人工作主管部门应当按照《档案法》《档案法实施条例》等国家人事档案管理有关规定，接收、保管并向有关单位移交退役军人人事档案。

第十七条　【户口登记】安置地人民政府公安机关应当按照国家有关规定，及时为退役军人办理户口登记，同级退役军人工作主管部门应当予以协助。

条文注释

本条是关于户口登记的规定。

《户口登记条例》第11条规定，被征集服现役的公民，在入伍前，由本人或者户主持应征公民入伍通知书向常住地户口登记机关申报迁出登记，注销户口，不发迁移证件。因此，军人退役后，应当重新进行户口登记。《户口登记条例》第13条第2款中规定，复员、转业和退伍的军人，凭县、市兵役机关或者团以上军事机关发给的证件到迁入地的户口登记机关申报迁入登记。因此，本条明确规定，安置地人民政府公安机关应当按照国家有关规定，及时为退役军人办理户口登记，同级退役军人工作主管部门应当予以协助。

关联法规

《户口登记条例》第11、13条；《退役军人安置条例》第53条

第十八条　【社会保险】退役军人原所在部队应当按照有关法律法规规定，及时将退役军人及随军未就业配偶的养老、医疗等社会保险关系和相应资金，转入安置地社会保险经办机构。

安置地人民政府退役军人工作主管部门应当与社会保险经办机构、军队有关部门密切配合，依法做好有关社会保险关系和相应资金转移接续工作。

条文注释

本条是关于社会保险关系转移接续的规定。

一、退役军人的保险关系和相应资金的转移接续

为了规范军人保险关系，维护军人合法权益，我国2012年出台了《军人保险法》，该法规定，国家建立军人保险制度。军人伤亡保险、退役养老保险、退役医疗保险和随军未就业的军人配偶保险的建立、缴费和转移接续等适用该法。

军人退出现役后参加职工基本养老保险、职工基本医疗保险的，由军队后勤（联勤）机关财务部门将军人退役养老保险关系、退役医疗保险关系和相应资金转入地方社会保险经办机构，地方社会保险经办机构办理相应的转移接续手续。

二、随军未就业配偶的保险关系和相应资金的转移接续

国家为随军未就业的军人配偶建立养老保险、医疗保险等。随军未就业的军人配偶参加保险，应当缴纳养老保险费和医疗保险费，国家给予相应的补助。随军未就业的军人配偶保险个人缴费标准和国家补助标准，按照国家有关规定执行。

三、有关部门应该做好有关社会保险关系和相应资金转移接续工作

退役军人及随军未就业配偶的保险关系和相应资金的转移接续工作，涉及多个环节、多个军地部门，相关部门多次就相关问题联合出台规范性文件、下发工作通知等，为加强部门之间的沟通协调提供了制度依据，有力促进了转移接续工作的顺利开展，但实际工作中仍然存在一些问题需要安置地人民政府退役军人工作主管部门与社会保险经办机构、军队有关部门加强沟通协调，加快完善信息对接系统，做到经办流程清晰明了、手续衔接畅通无阻、资金转移安全快捷，切实做好有关社会保险关系和相应资金转移接续各项工作。

关联法规

《军人保险法》第3－5章；《退役军人安置条例》第9章

第十九条 【移交接收问题的处理】退役军人移交接收过程中，发生与其服现役有关的问题，由原所在部队负责处理；发生与其安置有关的问题，由安置地人民政府负责处理；发生其他移交接收方面问题的，由安置地人民政府负责处理，原所在部队予以配合。

退役军人原所在部队撤销或者转隶、合并的，由原所在部队的上级单位或者转隶、合并后的单位按照前款规定处理。

条文注释

本条是关于移交接收问题处理的规定。

退役军人移交接收涉及军地单位多、时间跨度长、职能交叉重叠、协调难度大。退役军人移交接收过程中发生问题，应当按照有关法律法规和规章制度妥善处理。因此，本条明确：(1)退役军人移交接收过程中，发生与其服现役有关的问题，由原所在部队负责处理。主要包括服役期间的职务及等级、服役年限等问题。(2)发生与其安置有关的问题，由安置地人民政府负责处理。主要包括安置地的

确定、安置方式的适用等问题。(3)其他问题的处理。主要是指移交接收方面的其他问题，由安置地人民政府负责处理，原所在部队予以配合。

第三章 退役安置

第二十条 【退役军人安置】地方各级人民政府应当按照移交接收计划，做好退役军人安置工作，完成退役军人安置任务。

机关、群团组织、企业事业单位和社会组织应当依法接收安置退役军人，退役军人应当接受安置。

条文注释

本条是关于退役军人安置的规定。

一、地方各级人民政府的责任

本条第1款规定，地方各级人民政府应当按照移交接收计划，做好退役军人安置工作，完成退役军人安置任务。妥善安置退役军人是政治任务，各级党委政府应当把安置好退役军人作为关系国防和军队建设、关系地方经济社会发展的一件大事和一项特殊政治任务摆在突出位置，进一步健全完善工作落实的机制措施，确保安置工作任务到人，责任到人。

二、接收安置单位的责任

机关、群团组织、企业事业单位及各类社会组织，不分单位性质和组织形式，都应依法接收安置退役军人。

三、退役军人的义务

政府有安置的责任，退役军人也有接受安置的义务，这是相辅相成的。退役军人应当按照不同安置方式的规定，及时做好到安置地和有关单位报到等工作，不得拒绝接受安置。对于拒不服从安置的，按照国家有关规定处理。需要注意的是，如果相关规定允许退役军人选择不同的安置方式，那么退役军人依法行使这一合法权利时，不属于拒不接受安置。

第二十一条 【军官退役安置方式】对退役的军官，国家采取退休、转业、逐月领取退役金、复员等方式妥善安置。

以退休方式移交人民政府安置的，由安置地人民政府按照国家保障与社会化服务相结合的方式，做好服务管理工作，保障其待遇。

以转业方式安置的，由安置地人民政府根据其德才条件以及服现役期间的职务、等级、所做贡献、专长等和工作需要安排工作岗位，确定相应的职务职级。

服现役满规定年限，以逐月领取退役金方式安置的，按照国家有关规定逐月领取退役金。

以复员方式安置的，按照国家有关规定领取复员费。

条文注释

本条是关于军官退役安置方式的规定。

依据本条第1款的规定，对退役的军官，国家采取退休、转业、逐月领取退役金、复员等方式妥善安置。

一、以退休方式移交人民政府安置

军官退休的情形有：(1)担任师级以上职务，且达到服现役最高年龄，或者军龄满30年或者年满50周岁，本人申请退休的军官。(2)军龄满30年或者年满50周岁的团职以下军官。(3)未达到退休年龄，因公致残和因病经医院证明基本丧失工作能力的军官。(4)接近服现役最高年龄的师职以上军官，不宜继续服现役，且不宜转业到地方工作的。

退休军官的待遇保障：(1)国家保障。主要包括政治待遇、生活待遇和医疗保障。(2)社会化服务。针对退役军官比较关注的养老、医疗、就餐出行等重点难点问题，积极引入社会优质服务资源，构建退休军官服务保障新模式，健全服务保障体系，提升服务管理水平。

二、以转业方式安置

军官转业安置的基本条件:(1)达到平时服现役最高年龄的;(2)受军队编制员额限制不能调整使用的;(3)因身体状况不能坚持军队正常工作但能够适应地方工作的;(4)其他原因需要退出现役作转业安置的。

转业军官的工作岗位安排和职务职级确定,应当坚持为经济社会发展、为国防和军队建设服务的方针,贯彻妥善安置、合理使用、人尽其才、各得其所的原则。因此,本条第3款规定,以转业方式安置的,由安置地人民政府根据退役军人的德才条件以及服现役期间的职务、等级、所做贡献、专长等和工作需要安排工作岗位,确定相应的职务职级。

三、以逐月领取退役金方式安置

对退役的军官,确立逐月领取退役金安置方式,是按照国防和军队改革要求确立的一项重要制度。这种安置方式与军人服役年限挂钩,体现了对军人服役贡献的褒奖。

四、以复员方式安置

符合退出现役条件且本人自愿要求复员,或者刑满释放、被开除党籍等不宜安排转业又不具备退休条件的军队干部可以选择复员。以复员方式安置的军官,复员费的计算、发放由军队在其退役时按规定标准核定、发放。

关联法规

《退役军人安置条例》第12－17、72－73条

第二十二条　【军士退役安置方式】对退役的军士,国家采取逐月领取退役金、自主就业、安排工作、退休、供养等方式妥善安置。

服现役满规定年限,以逐月领取退役金方式安置的,按照国家有关规定逐月领取退役金。

服现役不满规定年限，以自主就业方式安置的，领取一次性退役金。

以安排工作方式安置的，由安置地人民政府根据其服现役期间所做贡献、专长等安排工作岗位。

以退休方式安置的，由安置地人民政府按照国家保障与社会化服务相结合的方式，做好服务管理工作，保障其待遇。

以供养方式安置的，由国家供养终身。

条文注释

本条是关于军士退役安置方式的规定。

本条第1款规定了军士退役有以下几种安置方式：逐月领取退役金、自主就业、安排工作、退休、供养等。

一、以逐月领取退役金方式安置

对退役的军士，确立逐月领取退役金安置方式，是退役军士安置工作顺应社会主义市场经济体制要求，适应国防和军队改革发展需要的必由之路，是一大制度创新。退役军士逐月领取退役金的具体办法由国务院退役军人工作主管部门会同有关部门制定。

二、以自主就业方式安置

服现役不满规定年限，以自主就业方式安置的，领取一次性退役金。服现役不满规定年限，是指服现役不满12年。自主就业退役军士的一次性退役金由中央财政专项安排，具体标准由国务院退役军人工作主管部门、中央军事委员会政治工作部门会同国务院财政部门，根据国民经济发展水平、国家财力情况、全国城镇单位就业人员平均工资和军人职业特殊性等因素确定，并适时调整。自主就业的退役军士现役期间个人获得勋章、荣誉称号或者表彰奖励的，可以按照一定比例增发一次性退役金。除此之外，地方政府可以根据当地实际情况给予一次性经济补助，具体标准由各省、自治区、直辖市制定。

三、以安排工作方式安置

军士退出现役，符合下列条件之一的，由安置地人民政府安排工作:(1)军士服现役满12年的;(2)服现役期间个人获得勋章、荣誉称号的;(3)服现役期间个人荣获三等战功、二等功以上奖励的;(4)服现役期间个人获得一级表彰的;(5)因战致残被评定为5级至8级残疾等级的;(6)是烈士子女的。符合逐月领取退役金条件的军士,本人自愿放弃以逐月领取退役金方式安置的,可以选择以安排工作方式安置。因战致残被评定为5级至6级残疾等级的中级以上军士,本人自愿放弃以退休方式安置的,可以选择以安排工作方式安置。对安排工作的退役军士,主要采取赋分选岗的办法安排到事业单位和国有企业;符合规定条件的,可以择优招录到基层党政机关公务员岗位。

四、以退休方式安置

中级以上军士退出现役,符合下列条件之一的,作退休安置:(1)退出现役时年满55周岁的;(2)服现役满30年的;(3)因战、因公致残被评定为1级至6级残疾等级的;(4)患有严重疾病且经医学鉴定基本丧失工作能力的。以退休方式安置的,由安置地人民政府按照国家保障与社会化服务相结合的方式,做好服务管理工作,保障其待遇。

五、以供养方式安置

被评定为1级至4级残疾等级的初级军士和义务兵退出现役的,由国家供养终身。因战、因公致残被评定为1级至4级残疾等级的中级以上军士,本人自愿放弃退休安置的,可以选择由国家供养终身。国家供养分为集中供养和分散供养。

关联法规

《退役军人安置条例》第18-38、78条

第二十三条 【义务兵退役安置方式】对退役的义务兵,国家采取自主就业、安排工作、供养等方式妥善安置。

以自主就业方式安置的,领取一次性退役金。

以安排工作方式安置的,由安置地人民政府根据其服现役

期间所做贡献、专长等安排工作岗位。

以供养方式安置的，由国家供养终身。

条文注释

本条是关于义务兵退役安置方式的规定。

本条第1款规定，退役的义务兵的安置方式有以下几种：自主就业、安排工作、供养等。

一、以自主就业方式安置

服现役满2年的义务兵，不符合安排工作、供养条件的，以自主就业方式安置。退役义务兵符合安排工作条件的，可以选择以自主就业方式安置。对自主就业的义务兵，根据其服现役年限发放一次性退役金。自主就业退役义务兵的一次性退役金由中央财政专项安排，具体标准由国务院退役军人工作主管部门、中央军事委员会政治工作部门会同国务院财政部门，根据国民经济发展水平、国家财力情况、全国城镇单位就业人员平均工资和军人职业特殊性等因素确定，并适时调整。自主就业的义务兵服现役期间个人获得勋章、荣誉称号或者表彰奖励的，按照比例增发一次性退役金。除此之外，在一次性退役金的基础上，地方政府可以根据当地实际情况给予适当经济补助。

二、以安排工作方式安置

义务兵退出现役，符合下列条件之一的，由安置地人民政府安排工作：(1)服现役期间个人获得勋章、荣誉称号的；(2)服现役期间个人荣获三等战功、二等功以上奖励的；(3)服现役期间个人获得一级表彰的；(4)因战致残被评定为5级至8级残疾等级的；(5)是烈士子女的。以安排工作方式安置的，由安置地人民政府根据其服现役期间所做贡献、专长等安排工作岗位。对安排工作的退役义务兵，主要采取赋分选岗的办法安排到事业单位和国有企业；符合规定条件的，可以择优招录到基层党政机关公务员岗位。

三、以供养方式安置

被评定为1级至4级残疾等级的义务兵退出现役的，由国家供养终身。国家供养分为集中供养和分散供养。

关联法规

《退役军人安置条例》第18－38、78条

第二十四条　【不同安置方式的适用条件】退休、转业、逐月领取退役金、复员、自主就业、安排工作、供养等安置方式的适用条件，按照相关法律法规执行。

条文注释

本条是关于不同安置方式的适用条件的规定。

分类安置是退役军人安置的重要原则。退役军人安置涉及退休、转业、逐月领取退役军、复员、自主就业等多种方式，影响退役军人保障水平的因素较多，本法原则规定了各类安置方式的适用条件，具体的适用条件和待遇保障按照相关法律法规执行。

第二十五条　【优先安置】转业军官、安排工作的军士和义务兵，由机关、群团组织、事业单位和国有企业接收安置。对下列退役军人，优先安置：

（一）参战退役军人；

（二）担任作战部队师、旅、团、营级单位主官的转业军官；

（三）属于烈士子女、功臣模范的退役军人；

（四）长期在艰苦边远地区或者特殊岗位服现役的退役军人。

条文注释

本条是关于优先安置的规定。

一、转业军官、安排工作的军士和义务兵的安置渠道

为了进一步做好安置工作，提高安置质量，本条规定转业军官、安排工作的军士和义务兵，由机关、群团组织、事业单位和国有企业接收安置。这种规定能够充分体现国家对退役军人的关爱，激励广大官兵为建设强大国防做出重要贡献。

二、优先安置

优先安置的退役军人包括参战退役军人，担任作战部队师、旅、团、营级单位主官的转业军官，属于烈士子女、功臣模范的退役军人，长期在艰苦边远地区或者特殊岗位服现役的退役军人。这样规定主要是考虑到这几类退役军人为国防和军队做出了突出贡献，应当在安置工作中体现特殊优待。

第二十六条　【编制和待遇保障】机关、群团组织、事业单位接收安置转业军官、安排工作的军士和义务兵的，应当按照国家有关规定给予编制保障。

国有企业接收安置转业军官、安排工作的军士和义务兵的，应当按照国家规定与其签订劳动合同，保障相应待遇。

前两款规定的用人单位依法裁减人员时，应当优先留用接收安置的转业和安排工作的退役军人。

条文注释

本条是关于编制和待遇保障的要求。

一、编制保障

根据国家有关规定，党政机关接收军队转业干部，按照军队转业干部计划分配数的25%增加行政编制。按25%增加行政编制后有缺口的，首先用自然减员空缺出来的行政编制解决；解决后仍不够的，可专项向中央机构编制部门报告。此外，对中央和国家机关京外直属机构、企业事业单位，其上级主管部门要按照有关规定及时解决所属单位接收军队转业干部所需增加的编制、职数和工资总额等问题，保证安置计划的落实。

二、待遇保障

签订劳动合同是企业与劳动者建立劳动关系、保障劳动者工资报酬等合法权益的重要前提。接收安置转业军官、安排工作的军士和义务兵，是国有企业的法定义务，国有企业应当与接受安置的退役军人按照国家规定签订劳动合同，确定劳动关系，明确双方的权利和义务。国有企业不得以劳务派遣等形式接收安置的转业军官、安排工作的军士和义务兵。同时，国有企业应当确保接收安置的转业军官、安排工作的军士和义务兵享受本企业同等条件人员的工资和福利待遇。

三、优先留用转业和安排工作的退役军人

机关、群团组织、事业单位、国有企业对于接收安置的转业军官、安排工作的军士和义务兵不得随意辞退、解聘或者解除劳动合同。如果确需裁员，应当优先留用接收安置的转业和安排工作的退役军人。

第二十七条　【停发退役金】以逐月领取退役金方式安置的退役军官和军士，被录用为公务员或者聘用为事业单位工作人员的，自被录用、聘用下月起停发退役金，其待遇按照公务员、事业单位工作人员管理相关法律法规执行。

条文注释

本条是关于停发退役金的规定。

以逐月领取退役金方式安置的退役军官和军士可以报考公务员和事业单位，如果其被录用、聘用，自被录用、聘用下月起停发退役金，其待遇按照公务员、事业单位工作人员管理相关法律法规执行。规定录用、聘用下月起停发退役金，能够确保待遇的有效衔接和过渡期的生活保障。

第二十八条　【伤病残退役军人安置】国家建立伤病残退役军人指令性移交安置、收治休养制度。军队有关部门应当及时将伤病残退役军人移交安置地人民政府安置。安置地人民政府应当妥善解决伤病残退役军人的住房、医疗、康复、护理和生活困难。

条文注释

本条是关于伤病残退役军人安置的规定。

一、建立伤病残退役军人指令性移交安置、收治休养制度

伤病残军人是一个特殊群体，他们为国家做出过特殊贡献，因此，必须要将他们安置好。伤病残退役军人移交安置需要军队、地方有关部门、伤病残退役军人及家属合作完成。建立伤病残退役军人指令性移交安置、收治休养制度，有利于军队和地方密切合作，提高接收安置效率，更好维护伤病残退役军人合法权益。

二、军队有关部门的责任

伤病残军人批准退休后，一般是第二年审定安置去向，纳入军队退休干部、士官安置计划。伤病残退休军人移交政府安置工作，纳入年度军队退休干部安置移交接收工作统一组织实施。军队有关部门应当及时将伤病残退役军人移交安置地人民政府安置。伤病残退役军人移交政府安置时，由军队根据本人伤病残情况发给一次性安置补助费。

三、安置地政府的责任

安置地人民政府应当妥善解决伤病残退役军人的住房、医疗、康复、护理和生活困难。各安置地政府必须牢固树立政治意识、大局意识和责任意识，调动一切积极因素和社会保障资源，营造关心优待伤病残退役军人的良好氛围。

关联法规

《退役军人安置条例》第54条

第二十九条 【拥军优属和家属安置】各级人民政府加强拥军优属工作，为军人和家属排忧解难。

符合条件的军官和军士退出现役时，其配偶和子女可以按照国家有关规定随调随迁。

随调配偶在机关或者事业单位工作，符合有关法律法规规定的，安置地人民政府负责安排到相应的工作单位；随调配偶在其他单位工作或者无工作单位的，安置地人民政府应当提供就业指导，协助实现就业。

随迁子女需要转学、入学的，安置地人民政府教育行政部门应当予以及时办理。对下列退役军人的随迁子女，优先保障：

（一）参战退役军人；

（二）属于烈士子女、功臣模范的退役军人；

（三）长期在艰苦边远地区或者特殊岗位服现役的退役军人；

（四）其他符合条件的退役军人。

条文注释

本条是关于拥军优属和家属安置的规定。

一、加强拥军优属工作

拥军优属在改革开放和社会主义现代化建设时期，主要内容包括：(1)广泛进行国防教育，为部队选送优秀兵员，协助军队保卫和建设国防；(2)支持军队的改革和建设，帮助军队完成作战和训练任务；(3)保护军事设施，尊重和爱护军队，协商处理好地方和军队之间的关系；(4)接收并妥善安置退役军人，做好现役军人、革命伤残军人、复员退伍军人和革命烈士家属、因公牺牲军人家属、病故军人家属的抚恤优待工作；(5)做好随军家属安置和子女入学工作，帮助解决未随军家属的住房、工作、生活等方面的困难；(6)重要节假日，组织慰问部队和烈士家属、军人家属，帮助部队及其家属解决实际困难；等等。

二、配偶和子女随调随迁

家属随调，是指符合条件的军官和军士退出现役时，其有正式工作（有行政、事业编制等）且符合规定条件的家属可以随同退役军人调至安置地，由安置地重新安排工作。家属随迁，是指符合条件的军官和军士退出现役，确定不在部队驻地安置，其没有正式工作且符合规定条件的家属，可以随同退役军人迁移至安置地，由安置地人民政府公安机关办理落户手续。

三、随调配偶工作和就业保障

本条第3款明确了退役军人随调配偶的工作和就业的相关保障:(1)如果退役军人随调配偶原来是在机关或者事业单位工作并具有行政、事业等相应编制,符合《公务员法》等有关法律法规规定,由安置地人民政府根据其职务等级、从事的职业等因素,安排到相应的工作单位。(2)如果退役军人随调随迁配偶在其他单位工作或者无工作单位,并且符合就业条件,安置地人民政府应当提供就业指导和服务,协助其实现就业。

四、随迁子女转学、入学保障

本条第4款明确了退役军人随迁子女转学、入学的相关保障措施。(1)退役军人的随迁子女需要转学、入学的,安置地人民政府教育行政部门应当予以及时办理。随迁子女的户口随退役军人迁移后,达到入学年龄、满足入学条件的,安置地人民政府教育行政部门应当安排其在户口所在地内(迁入地)就近入学;满足转学条件的,安置地人民政府教育行政部门应当及时帮助其确定转入学校,并办理转学手续。(2)对参战退役军人,属于烈士子女、功臣模范的退役军人,长期在艰苦边远地区或者特殊岗位服现役的退役军人,以及其他符合条件的退役军人的随迁子女,安置地人民政府教育行政部门应当优先保障。

关联法规

《退役军人安置条例》第56-60条

第三十条　【退役安置办法制定】军人退役安置的具体办法由国务院、中央军事委员会制定。

条文注释

本法出台后,国务院、中央军事委员会需要根据本法制定军人退役安置的具体办法。2024年7月,《退役军人安置条例》公布,对退役军官、退役军士和义务兵安置方式,移交接收,家属安置,教育培训,就业创业扶持,待遇保障,社会保险等进行了具体规定。

关联法规

《退役军人安置条例》

第四章　教育培训

第三十一条　【教育培训基本制度】退役军人的教育培训应当以提高就业质量为导向，紧密围绕社会需求，为退役军人提供有特色、精细化、针对性强的培训服务。

国家采取措施加强对退役军人的教育培训，帮助退役军人完善知识结构，提高思想政治水平、职业技能水平和综合职业素养，提升就业创业能力。

条文注释

本条是关于教育培训基本制度的规定。

党中央、国务院、中央军委历来高度重视退役军人的教育培训工作。有关部门以提高退役军人就业质量为导向，积极开展退役军人就业培训工作。退役军人事务部、中共中央组织部等多部门联合印发的《关于促进新时代退役军人就业创业工作的意见》中就提升就业创业能力提出了一系列措施，包括完善多层次、多样化的教育培训体系，开展退役前技能储备培训，加强退役后职业技能培训，推行终身职业技能培训，鼓励参加学历教育，加强教育培训管理等。

关联法规

《关于促进新时代退役军人就业创业工作的意见》

第三十二条　【教育培训体系】国家建立学历教育和职业技能培训并行并举的退役军人教育培训体系，建立退役军人教育培训协调机制，统筹规划退役军人教育培训工作。

条文注释

本条是关于退役军人教育培训体系的规定。

一、学历教育和职业技能培训并行并举

学历教育是根据教育部下达的招生计划录取的学生，按教育主管部门认可的教学计划实施教学，学生完成学业后，由学校颁发国家统一印制的毕业证书和学位证书的教育培训方式，主要是解决综合素质和职业发展问题。职业技能培训，是指按照国家职业分类和职业技能标准进行的规范性培训的教育培训方式，主要是解决就业技能和短期工作问题。为了有效提升退役军人的教育培训质量和增强其就业创业能力，应当采取学历教育与职业技能培训双轨并行的策略，并且巧妙融合长期深造与短期集训的互补优势，这样方能全面促进退役军人教育培训的实效与成果。

二、建立退役军人教育培训协调机制

退役军人教育培训工作涉及学校、财政、人力资源等多个关键领域，为了促进退役教育培训工作，亟须各部门间的高效协同与综合施策。近年来，在国家的统一部署下，退役军人事务部联合教育部、财政部及人力资源和社会保障部等诸多部门，积极响应中央政策导向，共同颁布了一系列政策措施，旨在强力推进退役军人教育培训事业，包括《高职扩招专项工作实施方案》《关于全面做好退役士兵职业教育工作的通知》《学生资助资金管理办法》。这些政策不仅明确界定了各参与部门的职能定位，还建立健全了部门间的联动协调机制，为确保退役军人教育培训工作的顺利实施奠定了坚实的基础。

第三十三条　【军人退役前的培训和继续教育】军人退役前，所在部队在保证完成军事任务的前提下，可以根据部队特点和条件提供职业技能储备培训，组织参加高等教育自学考试和各类高等学校举办的高等学历继续教育，以及知识拓展、技能培训等非学历继续教育。

部队所在地县级以上地方人民政府退役军人工作主管部门应当为现役军人所在部队开展教育培训提供支持和协助。

条文注释

本条是关于军人退役前的培训和继续教育的规定。

一、军人退役前的教育培训

对于退役军人而言,实现知识结构的优化与就业创业能力的提升,依赖于终身学习和全程学习的持续实践。考虑到军人职业的特殊性,国家制定了一系列政策措施,旨在确保军人在不影响执行军事任务的同时,能够顺利参与并完成从军队到地方过渡期间的各类教育培训活动,以促进其军地衔接与职业发展。为此,本条第1款规定,军人退役前,所在部队在保证完成军事任务的前提下,可以根据部队特点和条件提供职业技能储备培训,组织参加高等教育自学考试和各类高等学校举办的高等学历继续教育,以及知识拓展、技能培训等非学历继续教育。

二、部队所在地退役军人工作主管部门的职责

县级以上地方政府退役军人工作主管部门,需为现役军人所在部队的教育培训工作给予积极支持与配合。具体任务包括:向部队介绍地方党政机关架构、经济社会体制的改革动态、劳动市场及干部人事管理的相关制度;深入解析国家及本区域政治、经济、社会文化的发展现状与未来走向;详细介绍地方的人才需求状况、实际运用情况,以及退役军人的安置政策、操作流程和相关法规政策;并通过这些介绍与讲解,帮助现役军人更好地了解地方实际,树立科学合理的职业规划观念,进而增强其适应地方社会与就业市场的能力。

关联法规

《退役军人安置条例》第61条

第三十四条 【国家教育资助】退役军人在接受学历教育时,按照国家有关规定享受学费和助学金资助等国家教育资助政策。

高等学校根据国家统筹安排,可以通过单列计划、单独招生等方式招考退役军人。

条文注释

本条是关于国家教育资助的规定。

一、国家对退役军人学历教育的资助

在实践中，退役军人接受学历教育通常是指接受高等学历教育。根据《学生资助资金管理办法》关于服兵役高等学校学生国家教育资助的规定，对应征入伍服义务兵役、招收为士官、退役后复学或入学的高等学校学生实行学费补偿、国家助学贷款代偿、学费减免。学费补偿或国家助学贷款代偿金额，按学生实际缴纳的学费或用于学费的国家助学贷款（包括本金及其全部偿还之前产生的利息，下同）两者金额较高者执行；复学或新生入学后学费减免金额，按高等学校实际收取学费金额执行。学费补偿、国家助学贷款代偿以及学费减免的标准，本专科生每生每年最高不超过12000元，研究生每生每年最高不超过16000元。超出标准部分不予补偿、代偿或减免。

二、单列计划、单独招生

"单列计划、单独招生"，是指高等学校单独列出招生计划，专门面向退役军人招考，在退役军人内部考试竞争，体现了对退役军人的特殊优待。高等学校既包括高职院校，也包括普通高校，高等学校根据国家统筹安排招考退役军人，为退役军人接受高等教育提供更多机会，帮助退役军人改善知识结构，提升就业竞争力。

单列计划，是指参加国家统一考试，招生计划单列。单独招生，是指单独考试，单独招录。

第三十五条　【入学、复学】现役军人入伍前已被普通高等学校录取或者是正在普通高等学校就学的学生，服现役期间保留入学资格或者学籍，退役后两年内允许入学或者复学，可以按照国家有关规定转入本校其他专业学习。达到报考研究生条件的，按照国家有关规定享受优惠政策。

条文注释

本条是关于入学、复学的规定。

为了提高军队现代化水平，国家鼓励具有更高文化水平的青年投身国防事业，越来越多的军人入伍前就已经被普通高等学校录取或者是正在普通高等学校就学的学生。为了使这些学生安心投入国防事业，本条对他们入伍后和退役后的有关内容进行了规定。(1)服现役期间保留入学资格或者学籍。(2)退役后两年内允许入学或者复学。(3)可以按照国家有关规定转入本校其他专业学习。同时，对于有些在退役后需要提高知识水平的军人来说，他们退役后，达到报考研究生条件的，按照国家有关规定享受优惠政策。

第三十六条　【职业技能培训补贴等相应扶持政策】国家依托和支持普通高等学校、职业院校（含技工院校）、专业培训机构等教育资源，为退役军人提供职业技能培训。退役军人未达到法定退休年龄需要就业创业的，可以享受职业技能培训补贴等相应扶持政策。

军人退出现役，安置地人民政府应当根据就业需求组织其免费参加职业教育、技能培训，经考试考核合格的，发给相应的学历证书、职业资格证书或者职业技能等级证书并推荐就业。

条文注释

本条是关于职业技能培训补贴等相应扶持政策的规定。

一、为退役军人提供职业技能培训

教育培训是退役军人工作的重要内容。在培训内容方面：一是重点抓好高中以下文化层次退役军人就业能力提升培训。二是加大中高级技能培训和新产业技能培训比例。三是积极审慎开展创业指导培训。在培训组织方面：一是建立制度体系。二是优化工作格局。三是落实培训任务。

二、退役军人享受职业技能培训补贴等相应扶持政策

退役军人未达到法定退休年龄需要就业创业的，可以享受职业技能培训补贴等相应扶持政策。退役军人可参与一次全免费的职业技能培训，涵盖学杂费、住宿费及技能鉴定费，并在培训期间获得

生活补助。培训周期通常持续 2 年，最短培训时间不少于 3 个月。同时，退役军人还有资格申请加入当地的职业技能提升行动计划或其他补贴性培训项目，以享受额外的培训优惠政策。

三、安置地人民政府的职责

军人退出现役后，安置地人民政府在军人职业教育方面有重要职责。本条第 2 款规定的安置地人民政府的职责有以下几种：(1)根据就业需求组织其免费参加职业教育、技能培训。这种职业教育和技能培训是免费的，不得向退役军人收取任何费用。(2)经考试考核合格的，发给相应的学历证书、职业资格证书或者职业技能等级证书。(3)推荐就业。安置地人民政府要做好退役军人就业工作，重点是组织好，不是解决具体问题。

第三十七条 【对培训质量的检查和考核】省级人民政府退役军人工作主管部门会同有关部门加强动态管理，定期对为退役军人提供职业技能培训的普通高等学校、职业院校（含技工院校）、专业培训机构的培训质量进行检查和考核，提高职业技能培训质量和水平。

条文注释

本条是关于对培训质量的检查和考核的规定。

全国已经构建了由退役军人事务、教育、财政、人力资源和社会保障等部门协同参与的教育培训工作机制，旨在指导各地区建立健全退役士兵教育培训的目标考核体系以及教育培训机构的年检制度。为了进一步强化统筹管理，本条规定明确，省级人民政府的退役军人工作主管部门作为管理主体，需要联合相关部门，共同加强这一领域的动态管理。

监管对象是为退役军人提供职业技能培训的普通高等学校、职业院校（含技工院校）、专业培训机构等多种类型机构。这些培训机构通常是采取通过申报签约的方式确定，培训机构也可以主动向当地退役军人工作主管部门提出承担职业技能培训的任务。

省级人民政府的退役军人工作主管部门监管的内容是对为退

役军人提供职业技能培训的普通高等学校、职业院校（含技工院校）、专业培训机构的培训质量进行检查和考核。加强教育培训质量的过程管理和结果考核以学员获取职业资格证书、毕业证书（培训合格证书）和就业效果为考核的主要内容。

第五章　就 业 创 业

第三十八条　【鼓励、扶持退役军人就业创业】国家采取政府推动、市场引导、社会支持相结合的方式，鼓励和扶持退役军人就业创业。

条文注释

本条是关于鼓励、扶持退役军人就业创业的规定。

本条将国家鼓励和扶持退役军人就业创业的措施概括为“采取政府推动、市场引导、社会支持相结合的方式”。这一规定，既体现了政府和社会对退役军人的关爱优待，又符合社会主义市场经济体制对劳动力资源配置的要求。具体而言：一是政府推动。政府在扶持退役军人就业创业方面积极发挥作用，在政策扶持、公共服务、宣传引导、组织协调等方面担负起职责。政府要广泛调动社会资源、引导市场积极吸纳，支持退役军人就业，扶持退役军人创业，同时通过督促落实促进退役军人就业创业各项优惠举措，引导退役军人自主就业创业。二是市场引导。就业创业归根结底属于市场行为，要发挥市场在资源配置中的决定性作用，根据市场需求，提高就业创业服务的针对性、实效性。三是社会支持。退役军人就业创业工作是一项系统工程，是全社会的共同责任，要调动政府、市场、社会各方面力量共同推进。

关联法规

《退役军人安置条例》第66条；《关于促进新时代退役军人就业创业工作的意见》

第三十九条 【对退役军人就业创业的指导和服务】各级人民政府应当加强对退役军人就业创业的指导和服务。

县级以上地方人民政府退役军人工作主管部门应当加强对退役军人就业创业的宣传、组织、协调等工作,会同有关部门采取退役军人专场招聘会等形式,开展就业推荐、职业指导,帮助退役军人就业。

条文注释

本条是关于对退役军人就业创业的指导和服务的规定。

一、各级人民政府的指导和服务

党和国家始终高度重视退役军人的就业创业工作,各级人民政府通过多种形式为退役军人提供全方位的指导和服务。为了助力退役军人顺利融入社会,各级人民政府不仅积极组织退役军人专场招聘会,搭建起退役军人与企业的直接对接平台,还提供了全面的政策咨询服务,及时发布就业信息,促进人才的有效交流。

二、退役军人主管部门的职责

根据本条第2款的规定,县级以上地方人民政府退役军人工作主管部门有以下职责:

1. 宣传、组织和协调

为助力退役军人顺利就业创业,应加大宣传力度并强化组织协调工作。首先,需加大对退役军人就业的宣传力度,积极向用人单位展示退役军人的专业素养、专业技能以及他们在军队中锤炼出的优秀品质,如纪律性、团队精神、责任感等,以此提升退役军人在社会中的认可度和知名度,为他们的就业之路铺平道路。其次,要加强组织、协调工作,与人力资源和社会保障、税务、市场监管等有关部门紧密合作,共同为退役军人就业创业提供全方位的支持和便利条件。

2. 多种形式开展就业推荐、职业指导

县级以上地方人民政府退役军人工作主管部门应通过多种方式积极推荐退役军人就业,全面助力其顺利融入社会。首先,主管部门需通过集中宣传、定点宣传等多种渠道,广泛宣传退役军人就业创业的优惠政策,提高政策的知晓率和影响力。其次,要加强退役军人的适应性培训,针对退役军人的特点和市场需求,开展择业指导、就业推荐等个性化服务。通过组织专场招聘会,为退役军人与用人单位搭建直接对接的平台,拓宽退役军人的就业渠道。

关联法规

《退役军人安置条例》第 67 条;《关于促进新时代退役军人就业创业工作的意见》

第四十条　【残疾退役军人就业优惠政策】服现役期间因战、因公、因病致残被评定残疾等级和退役后补评或者重新评定残疾等级的残疾退役军人,有劳动能力和就业意愿的,优先享受国家规定的残疾人就业优惠政策。

条文注释

本条是关于残疾退役军人就业优惠政策的规定。

一、残疾退役军人

残疾退役军人包括服现役期间因战、因公、因病致残被评定残疾等级和退役后补评或者重新评定残疾等级的残疾退役军人。根据《军人抚恤优待条例》的规定,军人残疾,符合下列情形之一的,认定为因战致残:(1)对敌作战负伤致残的;(2)因执行任务遭敌人或者犯罪分子伤害致残,或者被俘、被捕后不屈遭敌人伤害或者被折磨致残的;(3)为抢救和保护国家财产、集体财产、公民生命财产或者执行反恐怖任务和处置突发事件致残的;(4)因执行军事演习、战备航行飞行、空降和导弹发射训练、试航试飞任务以及参加武器装备科研试验致残的;(5)在执行外交任务或者国家派遣的对外援助、维持国际和平任务中致残的;(6)其他因战致残的。军人残疾,符合下列情形之一的,认定为因公致残:(1)在执行任务中、工作岗位上或者在上下班途中,由于意外事件致残的;(2)因患职业病致残的;(3)在执行任务中或者在工作岗位上突发疾病受伤致残的;(4)其他因公致残的。义务兵和初级军士除因患职业病致残的和在执行任务中或者在工作岗位上突发疾病受伤致残的情形以外,因其他疾病导致残疾的，认定为因病致残。残疾的等级，根据劳动功能障碍程度和生活自理障碍程度确定，由重到轻分为1级至10级。

二、优先享受国家规定的残疾人就业优惠政策

优先享受国家规定的残疾人就业优惠政策主要包括：一是按比例安排残疾人就业；二是稳定发展残疾人集中就业；三是多渠道扶持残疾人自主创业和灵活就业；四是大力发展残疾人辅助性就业和多种形式就业。

关联法规

《退役军人安置条例》第71条；《军人抚恤优待条例》第25－35条

第四十一条 【免费或优惠的就业创业服务】公共人力资源服务机构应当免费为退役军人提供职业介绍、创业指导等服务。

国家鼓励经营性人力资源服务机构和社会组织为退役军人就业创业提供免费或者优惠服务。

退役军人未能及时就业的，在人力资源和社会保障部门办理求职登记后，可以按照规定享受失业保险待遇。

条文注释

本条是关于免费或优惠的就业创业服务的规定。

一、公共人力资源服务机构免费提供职业介绍、创业指导服务

公共人力资源服务机构，是指县级以上人民政府设立的公共就业和人才服务机构。公共人力资源服务机构提供下列服务，不得收费：人力资源供求、市场工资指导价位、职业培训等信息发布，职业介绍、职业指导和创业开业指导，就业创业和人才政策法规咨询，对就业困难人员实施就业援助，办理就业登记、失业登记等事务。

各级人民政府应当积极履行属地职责，引领并促进各类公共人力资源服务机构，为退役军人免费提供就业与创业的指导服务。政府需发挥主导作用，动员和组织公共人力资源服务机构，如职业介

绍中心、就业指导机构等，为退役军人这一特殊群体提供全方位、免费的就业创业支持。这些服务包括但不限于职业介绍、创业指导、技能培训等，旨在帮助退役军人更好地融入社会，实现其职业发展和创业梦想。

二、鼓励经营性人力资源服务机构和社会组织为退役军人就业创业提供免费或者优惠服务

经营性人力资源服务机构，是指依法设立的从事人力资源服务经营活动的机构。县级以上人民政府退役军人工作主管部门应当倡导并促进各类非国有资产举办的人力资源服务机构，为退役军人提供免费或优惠的服务。政府主管部门应积极发挥作用，引导和鼓励这些机构参与到退役军人的就业创业服务中来，通过提供免费或优惠的职业介绍、创业指导等服务，助力退役军人顺利融入社会，实现其职业发展和人生价值。

三、享受失业保险待遇

失业保险是我国社会保险制度之一，旨在保障公民在失业情况下依法从国家和社会获得物质帮助的权利。根据本法相关规定，退役军人服现役年限与入伍前、退役后参加失业保险的缴费年限依法合并计算。退役军人未能及时就业的，在人力资源和社会保障部门办理求职登记后，可以按照规定享受失业保险待遇。同时，退役军人也能在足够保障的情况下，积极寻求就业机会，参与就业培训，提高自身能力。

关联法规

《退役军人保障法》第50条；《人力资源市场暂行条例》第14条

第四十二条　【优先招录、招聘退役军人及退役军人复职复工】机关、群团组织、事业单位和国有企业在招录或者招聘人员时，对退役军人的年龄和学历条件可以适当放宽，同等条件下优先招录、招聘退役军人。退役的军士和义务兵服现役经历视为基层工作经历。

退役的军士和义务兵入伍前是机关、群团组织、事业单位或者国有企业人员的，退役后可以选择复职复工。

条文注释

本条是关于优先招录、招聘退役军人及退役军人复职复工的规定。

一、适当放宽年龄和学历条件，优先招录招聘

本条第1款明确退役军人参加机关、群团组织、事业单位和国有企业招录招聘时享受就业优待的权益，即可以放宽年龄和学历条件，同等条件下优先招录、招聘。这样规定的目的：一是为全社会接受安置退役军人树立榜样，二是切实保证安置工作质量。

二、服现役经历视为基层工作经历

目前，国家和地方公务员考试录用，一般都要求报考人员必须具备相应的基层工作经历。基层工作经历，是指在基层和生产一线的工作经历即在县级以下党政机关、国有企事业单位、村（社区）组织及其他经济组织、社会组织等工作的经历；在军队团和相当于团以下单位工作的经历，退役士兵在军队服现役的经历，可视为基层工作经历。本条第1款中规定，退役的军士和义务兵服现役经历视为基层工作经历。

三、可选择复职复工

本条第2款规定，退役的军士和义务兵入伍前是机关、群团组织、事业单位或者国有企业人员的，退役后可以选择复职复工，其工资、福利和其他待遇不得低于本单位同等条件人员的平均水平。

关联法规

《退役军人安置条例》第69条

第四十三条 【面向退役军人招考的各种岗位】各地应当设置一定数量的基层公务员职位，面向服现役满五年的高校毕业生退役军人招考。

服现役满五年的高校毕业生退役军人可以报考面向服务基层项目人员定向考录的职位,同服务基层项目人员共享公务员定向考录计划。

各地应当注重从优秀退役军人中选聘党的基层组织、社区和村专职工作人员。

军队文职人员岗位、国防教育机构岗位等,应当优先选用符合条件的退役军人。

国家鼓励退役军人参加稳边固边等边疆建设工作。

条文注释

本条是关于面向退役军人招考的各种岗位的规定。

一、加大基层公务员职位供应

为了拓宽退役军人的就业渠道,本条第1款规定,要设置一定数量的基层公务员职位,面向服现役满5年的高校毕业生退役军人。这些职位只有符合条件的退役军人可以报名,对退役军人实行定向考录。这拓宽了退役军人成为公务员的渠道,是优化公务员队伍结构、加强基层建设的重要举措。

二、加大基层服务项目岗位供应

服现役满5年的高校毕业生退役军人,在符合其他报考条件的前提下,可以报考那些原本只面向服务基层项目人员(如特岗教师、"三支一扶"计划、大学生志愿服务西部计划等四类人员)的定向考录职位。此外,退役军人在报考中还会享受到一定的优待优先政策,如加分、服役经历视为基层工作经历等,以进一步体现对退役军人的关怀和尊重。

三、注重从优秀退役军人中选聘基层干部

本条第3款规定,各地应当注重从优秀退役军人中选聘党的基层组织、社区和村专职工作人员。(1)各地应当出台具体措施,如设立专项招聘计划、提供优惠政策等,以吸引优秀退役军人投身基层工作。(2)注重加强退役军人的培养和使用。通过开设专题培训班、提供学历提升机会等方式，帮助退役军人提升履职能力，更好地适应基层工作需要。同时，通过建立后备人才库、实施重点推荐等措施，为退役军人提供更多的发展机会和平台。

四、特殊岗位优先选用退役军人

本条第4款规定，军队文职人员岗位、国防教育机构岗位等，应当优先选用符合条件的退役军人。军队文职人员，是指在军队编制岗位依法履行职责的非服兵役人员，是军队人员的组成部分，依法享有国家工作人员相应的权利、履行相应的义务。军队文职人员岗位分为管理岗位和专业技术岗位。国防教育机构岗位，可以是承担国防教育工作机构的岗位，也可以是烈士陵园等国防教育基地的相关岗位。这些岗位适合退役军人发挥职业和专业优势，应对其优先招聘。

五、鼓励退役军人参加边疆建设工作

注重边疆导向是本法的一个亮点。为了让退役军人充分发挥其在服役期间积累的优势，加强边疆经济社会建设，国家鼓励退役军人参加稳边固边等边疆建设工作。

关联法规

《中国人民解放军文职人员条例》第2条；《退役军人安置条例》第68条

第四十四条 【服役年限计算为工龄】退役军人服现役年限计算为工龄，退役后与所在单位工作年限累计计算。

条文注释

本条是关于工龄计算的规定。

工龄，是指劳动者自与单位建立劳动关系起，以工资收入为主要来源或全部来源的工作时间。工龄的长短标志着劳动者参加工作时间的长短，也反映了劳动者对社会和企业的贡献大小和知识、经验、技术熟练程度的高低。本条规定，退役军人服现役年限计算为工龄，退役后与所在单位工作年限累计计算。这样的规定是为了保障退役军人的权益，是对用人单位附加的一种义务，用人单位在计算工龄时,要把退役军人服现役年限计算为工龄,与其在该用人单位的工作年限累计计算。这也是退役军人回到地方安置的一项长期坚持的原则。

关联法规

《退役军人安置条例》第74条

第四十五条 【创业优惠服务】县级以上地方人民政府投资建设或者与社会共建的创业孵化基地和创业园区,应当优先为退役军人创业提供服务。有条件的地区可以建立退役军人创业孵化基地和创业园区,为退役军人提供经营场地、投资融资等方面的优惠服务。

条文注释

本条是关于创业优惠服务的规定。

优先为退役军人创业提供服务,要求在县级以上地方人民政府投资建设或者与社会共建的创业孵化基地和创业园区的运营过程中,应给予退役军人更多的关注和支持。这包括但不限于提供经营场地、投资融资等方面的优惠服务。提供经营场地能够解决退役军人创业初期的场地问题,而投资融资服务则有助于他们解决创业资金短缺的难题,从而助力退役军人的创业项目顺利落地和发展。此外,有条件的地区还可以专门建立退役军人创业孵化基地和创业园区,进一步集中资源为退役军人提供更加全面、专业的创业服务。

第四十六条 【退役军人创业优待】退役军人创办小微企业,可以按照国家有关规定申请创业担保贷款,并享受贷款贴息等融资优惠政策。

退役军人从事个体经营,依法享受税收优惠政策。

条文注释

本条是关于退役军人创业优待的规定。

创业担保贷款，是指以具备规定条件的创业者个人或小微企业为借款人，由创业担保贷款基金提供担保，由经办此项贷款的银行业金融机构发放，由财政部门给予贴息，用于支持个人创业或者小微企业扩大就业的贷款业务。符合条件的退役军人创办小微企业，可以申请贷款贴息等融资优惠。

根据有关规定，自2023年1月1日至2027年12月31日，自主就业退役士兵从事个体经营的，自办理个体工商户登记当月起，在3年（36个月）内按每户每年20000元为限额依次扣减其当年实际应缴纳的增值税、城市维护建设税、教育费附加、地方教育附加和个人所得税。限额标准最高可上浮20%，各省、自治区、直辖市人民政府可根据本地区实际情况在此幅度内确定具体限额标准。

关联法规

《财政部、税务总局、退役军人事务部关于进一步扶持自主就业退役士兵创业就业有关税收政策的公告》

第四十七条　【招用退役军人享受优惠政策】用人单位招用退役军人符合国家规定的，依法享受税收优惠等政策。

条文注释

本条是关于招用退役军人享受优惠政策的规定。

根据有关规定，自2023年1月1日至2027年12月31日，企业招用自主就业退役士兵，与其签订1年以上期限劳动合同并依法缴纳社会保险费的，自签订劳动合同并缴纳社会保险当月起，在3年内按实际招用人数予以定额依次扣减增值税、城市维护建设税、教育费附加、地方教育附加和企业所得税优惠。定额标准为每人每年6000元，最高可上浮50%，各省、自治区、直辖市人民政府可根据本地区实际情况在此幅度内确定具体定额标准。

关联法规

《财政部、税务总局、退役军人事务部关于进一步扶持自主就业退役士兵创业就业有关税收政策的公告》

第六章　抚恤优待

第四十八条　【普惠与优待叠加原则】各级人民政府应当坚持普惠与优待叠加的原则,在保障退役军人享受普惠性政策和公共服务基础上,结合服现役期间所做贡献和各地实际情况给予优待。

对参战退役军人,应当提高优待标准。

条文注释

本条是关于普惠与优待叠加原则的规定。

普惠与优待叠加原则,是一个非常重要的原则。(1)退役军人作为普通公民,依法享受国家向人民群众普遍提供的公共服务,这是他们作为公民的基本权利,是普惠原则的体现。(2)退役军人因其退役身份属性,还可以叠加享受国家对退役军人提供的普惠优待政策。(3)优待政策的实施会考虑退役军人服现役期间的贡献,如服役年限、立功受奖情况等。贡献越大的退役军人,享受的优待标准也会相应提高,这体现了国家对退役军人贡献的尊重和回报。(4)优待政策的实施还会考虑各地的实际情况,包括经济发展水平、社会风俗习惯等。这意味着不同地区的退役军人可能会享受到不同的优待政策,但都会遵循普惠与优待叠加的原则。

参战退役军人在服现役期间不怕牺牲,勇于战斗,为国家立下战功,对其应当提高优待标准,这是对其参战的肯定与褒扬。对参战的退役军人可以在医疗保障、生活补助、安置与就业等方面提高优待标准。

第四十九条　【建立统筹平衡的抚恤优待量化标准体系】国家逐步消除退役军人抚恤优待制度城乡差异、缩小地区差异,建立统筹平衡的抚恤优待量化标准体系。

条文注释

本条是关于抚恤优待量化标准体系的规定。

由于我国城乡、地区间经济发展水平存在差异，退役军人的抚恤优待也存在城乡和地域差别。但是，国家正在努力消除退役军人抚恤优待制度在城乡和地区之间的差异，这意味着，无论退役军人身处何地，他们都能享受到相对统一和公平的抚恤优待政策，避免了因地域差异而导致的不公平现象。

国家建立统筹平衡的抚恤优待量化标准体系，这意味着国家将统筹考虑经济发展情况，逐步构建贡献与待遇相匹配，与国家和军队建设改革相协调，与国民经济发展和对象需求相适应，能够体现贡献、公平规范、统筹平衡、动态完善的抚恤优待量化标准体系，从而能够以具体的、可衡量的标准来评估退役军人的抚恤优待情况。

第五十条 【社会保险待遇】退役军人依法参加养老、医疗、工伤、失业、生育等社会保险，并享受相应待遇。

退役军人服现役年限与入伍前、退役后参加职工基本养老保险、职工基本医疗保险、失业保险的缴费年限依法合并计算。

条文注释

本条是关于社会保险待遇的规定。

一、退役军人依法参加社会保险并享受相应待遇

根据《社会保险法》的规定，我国目前的社会保险主要包含养老保险、医疗保险、工伤保险、失业保险和生育保险五大类型。这些不同类型的社会保险，其参加主体、缴费方式和享受待遇的条件各不相同。退役军人作为社会的重要群体，依据相关规定，同样可以参加这些社会保险并享受相应的待遇。

1. 基本养老保险

基本养老保险，是缴费达到法定期限并且个人达到法定退休年龄后，国家和社会提供物质帮助以保证年老者稳定、可靠的生活来源的社会保险。基本养老保险包括职工基本养老保险、城乡居民基本养老保险、机关事业单位养老保险。

2. 基本医疗保险

基本医疗保险，是按照国家规定缴纳一定比例的医疗保险费，在参保人因患病和意外伤害而发生医疗费用后，由医疗保险基金支付其医疗保险待遇的社会保险。包括职工基本医疗保险和城乡居民基本医疗保险。

3. 工伤保险

工伤保险，是由用人单位缴纳工伤保险费，对劳动者因工作原因遭受意外伤害或者职业病，从而造成死亡、暂时或者永久丧失劳动能力时，给予职工及其相关人员工伤保险待遇的社会保险。

4. 失业保险

失业保险制度，是国家为因失业而暂时失去工资收入的社会成员提供物质帮助，以保障失业人员的基本生活，维持劳动力的再生产，为失业人员重新就业创造条件的社会保险。

5. 生育保险

生育保险制度，是由用人单位缴纳保险费，其职工或者职工的未就业配偶按照国家规定享受生育保险待遇的社会保险。

二、关于社会保险缴费年限的计算

本条是与《军人保险法》等法律的衔接性规定。根据国家有关法律法规的规定，退役军人退出现役后，按照国家规定参加职工基本养老保险、职工基本医疗保险、失业保险的，其服现役年限视同缴费年限，即军龄视同缴费年限。这样能够增加退役军人缴费年限，提高其经济利益。工伤保险和生育保险的待遇标准并不是基于缴费年限来确定的，而是根据劳动者是否遭受工伤或是否符合生育保险的领取条件来决定的。对于退役军人而言，他们在退役后参加工伤保险和生育保险时，其之前在军队中的服役年限并不会与退役后的保险缴费年限进行合并计算。只要退役军人符合工伤保险或生育保险的领取条件，如遭受工伤或生育等，他们就可以依法享受相应的工伤保险或生育保险待遇。

第五十一条 【安置住房优待】退役军人符合安置住房优待条件的，实行市场购买与军地集中统建相结合，由安置地人民政府统筹规划、科学实施。

条文注释

本条是关于安置住房优待的规定。

本条基于我国长期的退役军人安置住房优待制度和实践经验，并适应新形势的需求，明确规定了市场购买与军地集中统建相结合的安置方式，并着重指出由安置地人民政府负责统筹规划和科学实施。退役军人若需享受安置住房优待，必须满足特定条件，并非所有退役军人都能直接享受安置住房优待。为切实满足退役军人的居住需求并保障其住房权益，国家依据服役年限、职务职级及服役表现，对退役军人实施分级分类的住房保障措施。

第五十二条 【就医优待】军队医疗机构、公立医疗机构应当为退役军人就医提供优待服务，并对参战退役军人、残疾退役军人给予优惠。

条文注释

本条是关于就医优待的规定。

一、提供就医优待服务的义务主体是军队医疗机构、公立医院

本条规定军队医疗机构、公立医疗机构应当为退役军人就医提供优待服务。其中，“应当”意味着提供就医优待服务是军队医疗机构和公立医疗机构的义务。除了这两类医疗机构，其他的医疗机构也可以为退役军人提供优待服务。医疗机构具体包括：(1)综合医院、中医医院、中西医结合医院、民族医医院、专科医院、康复医院；(2)妇幼保健院、妇幼保健计划生育服务中心；(3)社区卫生服务中心、社区卫生服务站；(4)中心卫生院、乡(镇)卫生院、街道卫生院；(5)疗养院；(6)综合门诊部、专科门诊部、中医门诊部、中西医结合门诊部、民族医门诊部；(7)诊所、中医诊所、民族医诊所、卫生所、医务室、卫生保健所、卫生站；(8)村卫生室(所)；(9)急救中心、急救

站;(10)临床检验中心;(11)专科疾病防治院、专科疾病防治所、专科疾病防治站;(12)护理院、护理站;(13)医学检验实验室、病理诊断中心、医学影像诊断中心、血液透析中心、安宁疗护中心;(14)其他诊疗机构。

二、为退役军人就医提供优待服务

各地在遵循保证医疗质量和方便退役军人就医的原则的前提下,确定本地区的对于退役军人的医疗优待定点服务机构,并针对残疾军人、烈属、因公牺牲军人遗属、病故军人遗属、现役军人家属、老复员军人、参战参试退役军人以及带病回乡退伍军人,设立优先服务窗口。以上人群在这些窗口就医时,可以享受优先挂号、优先就诊、优先取药、优先住院等优待服务。此外,各级各类地方医疗机构还应当积极为伤病残、老龄优抚对象提供家庭医生签约服务,以及健康教育、慢性病管理等基本公共卫生服务,确保他们能够享受到全面、优质的医疗保障。

三、对参战退役军人、残疾退役军人给予优惠

组织优抚医院为残疾军人、烈属、因公牺牲军人遗属、病故军人遗属、现役军人家属、老复员军人、参战参试退役军人、带病回乡退伍军人提供优惠体检服务,并免收普通门诊挂号费,同时确保他们享受优先就诊、检查、住院等优待。

关联法规

《医疗机构管理条例》第2条;《医疗机构管理条例实施细则》第3条;《关于加强军人军属、退役军人和其他优抚对象优待工作的意见》

第五十三条　【公共交通、文化和旅游优待】退役军人凭退役军人优待证等有效证件享受公共交通、文化和旅游等优待,具体办法由省级人民政府制定。

条文注释

本条是关于公共交通、文化和旅游优待的规定。

一、凭退役军人优待证等有效证件享受优待

退役军人优待证是持证人享受各项优待服务的凭证,它能够准

确识别退役军人的身份，为交通运输、文化和旅游等公共服务行业和场所提供优待服务奠定了前提和基础。国家建立优待证制度，充分运用信息技术手段，逐步为退役军人统一制作颁发优待证，作为享受相应优待的有效证件。除此之外，残疾军人凭残疾军人证，军队离退休干部、退休士官凭离休干部荣誉证、军官退休证、文职干部退休证、退休士官证等有效证件，也可以享受相应优待。

二、具体优待办法由省级人民政府制定

我国目前对于退役军人在享受公共交通、文化和旅游等优待方面，在法律层面还未有统一的规定，现有规定主要存在于《军人抚恤优待条例》等文件中。由于各地经济、文化和社会发展情况不同，退役军人的需求和优待服务的提供也会有所差异。因此，由省级人民政府根据本地实际情况制定具体的优待办法，可以更好地满足退役军人的需求，确保优待服务的针对性和有效性。

第五十四条　【收治或集中供养孤老、生活不能自理的退役军人】县级以上人民政府加强优抚医院、光荣院建设，充分利用现有医疗和养老服务资源，收治或者集中供养孤老、生活不能自理的退役军人。

各类社会福利机构应当优先接收老年退役军人和残疾退役军人。

条文注释

本条是关于养老优待的规定。

一、收治或者集中供养孤老、生活不能自理的退役军人

1. 加强优抚医院、光荣院建设

优抚医院是国家为残疾退役军人和在服役期间患严重慢性病、精神疾病的退役军人等优抚对象提供医疗和供养服务的优抚事业单位，是担负特殊任务的医疗机构，主要包括综合医院、康复医院、精神病医院等，名称统一为“荣军优抚医院”。光荣院是国家集中供养孤老和生活不能自理的抚恤优待对象，并对其实行特殊保障的优抚事业单位。优抚医院和光荣院在退役军人的医疗保障和养老供养

方面，扮演着不可或缺的角色，体现了国家对退役军人的深切关怀。因此，本条第1款规定，县级以上人民政府加强优抚医院、光荣院建设，收治或者集中供养孤老、生活不能自理的退役军人。

2. 充分利用现有医疗和养老服务资源

要收治或者集中供养孤老、生活不能自理的退役军人，还应该充分利用现有医疗和养老服务资源。这种做法不仅能够加强对退役军人的关爱和保障，也是充分挖掘现有医疗和养老服务资源能力的重要举措。

二、各类社会福利机构应当优先接收老年退役军人和残疾退役军人。

社会福利机构是指国家、社会组织和个人举办的，为老年人、残疾人、孤儿和弃婴提供养护、康复、托管等服务的机构。各类社会福利机构作为提供社会服务的重要载体，有责任和义务优先接收并照顾好老年退役军人和残疾退役军人。

关联法规

《优抚医院管理办法》第2条；《光荣院管理办法》第2条

第五十五条 【对生活困难的退役军人给予帮扶援助】国家建立退役军人帮扶援助机制，在养老、医疗、住房等方面，对生活困难的退役军人按照国家有关规定给予帮扶援助。

条文注释

本条是关于帮扶援助的规定。

国家建立退役军人帮扶援助机制，是为了在养老、医疗、住房等方面，对生活困难的退役军人按照国家有关规定给予帮扶援助。地方各级各有关部门要把困难退役军人帮扶援助工作摆上重要位置，切实强化政治责任和使命担当。要建立健全在政府统一领导下，退役军人事务部门统筹协调，民政、财政、住房城乡建设、医疗保障等部门各司其职、密切配合的工作机制。各地应当根据帮扶援助标准和对象基本需要，对退役军人提供资金、实物、社会化服务等援助。

关联法规

《关于加强困难退役军人帮扶援助工作的意见》

第五十六条 【残疾抚恤】残疾退役军人依法享受抚恤。

残疾退役军人按照残疾等级享受残疾抚恤金，标准由国务院退役军人工作主管部门会同国务院财政部门综合考虑国家经济社会发展水平、消费物价水平、全国城镇单位就业人员工资水平、国家财力情况等因素确定。残疾抚恤金由县级人民政府退役军人工作主管部门发放。

条文注释

本条是关于残疾抚恤的规定。

一、残疾退役军人按照残疾等级享受残疾抚恤金

本条中的"残疾退役军人"，是指在服役期间因战因公致残退出现役的军人，在服役期间因病评定了残疾等级退出现役的残疾军人。

因战致残的情形包括：(1)对敌作战负伤致残的；(2)因执行任务遭敌人或者犯罪分子伤害致残，或者被俘、被捕后不屈遭敌人伤害或者被折磨致残的；(3)为抢救和保护国家财产、集体财产、公民生命财产或者执行反恐怖任务和处置突发事件致残的；(4)因执行军事演习、战备航行飞行、空降和导弹发射训练、试航试飞任务以及参加武器装备科研试验致残的；(5)在执行外交任务或者国家派遣的对外援助、维持国际和平任务中致残的；(6)其他因战致残的。

因公致残的情形包括：(1)在执行任务中、工作岗位上或者在上下班途中，由于意外事件致残的；(2)因患职业病致残的；(3)在执行任务中或者在工作岗位上突发疾病受伤致残的；(4)其他因公致残的。

残疾的等级根据劳动功能障碍程度和生活自理障碍程度来确定，由重到轻分为1级至10级。根据《军人抚恤优待条例》第27条第2款的规定，因战、因公致残，残疾等级被评定为1级至10级的，享受抚恤；因病致残，残疾等级被评定为1级至6级的，享受抚恤。

评定残疾等级的,从批准当月起发给残疾抚恤金。对领取残疾抚恤金后生活仍有特殊困难的残疾军人,县级以上地方人民政府可以增发抚恤金或者采取其他方式予以困难补助。

二、残疾抚恤金的确定标准

残疾抚恤金是国家为了慰抚和帮助因战、因公致残的退役军人而发放救济金,对于退役军人退出现役后的生活至关重要。因此,必须要合理确定残疾抚恤金的标准。根据本条第2款的规定,残疾抚恤金的确定标准由国务院退役军人工作主管部门会同国务院财政部门综合确定,目前是退役军人事务部和财政部,其他任何部门都无权确定。残疾抚恤金确定的因素包括:(1)国家经济社会发展水平;(2)消费物价水平;(3)全国城镇单位就业人员工资水平;(4)国家财力情况。

三、残疾抚恤金的发放

根据《军人抚恤优待条例》第30条的规定,退出现役的残疾军人或者向政府移交的残疾军人,应当自军队办理退役手续或者移交手续后60日内,向户籍迁入地县级人民政府退役军人工作主管部门申请转入抚恤关系,按照残疾性质和等级享受残疾抚恤金。其退役或者向政府移交当年的残疾抚恤金由所在部队发给,迁入地县级人民政府退役军人工作主管部门从下一年起按照当地的标准发给。因工作需要继续服现役的残疾军人,经军队军级以上单位批准,由所在部队按照规定发给残疾抚恤金。

关联法规

《国防法》第65条;《伤残抚恤管理办法》第2条;《工伤保险条例》第22条;《军人抚恤优待条例》第24－35条

第七章　褒扬激励

第五十七条　【荣誉激励机制】国家建立退役军人荣誉激励机制，对在社会主义现代化建设中做出突出贡献的退役军人予以表彰、奖励。退役军人服现役期间获得表彰、奖励的，退役后按照国家有关规定享受相应待遇。

条文注释

本条是关于荣誉激励机制的规定。

一、国家建立荣誉激励机制

退役军人为国防和军队建设做出了重要贡献，是社会主义现代化建设的重要力量，尊重、关爱退役军人是全社会的共同责任。国家通过建立荣誉激励机制，对在社会主义现代化建设中表现突出的退役军人进行表彰和奖励，以此彰显他们的贡献和荣誉，也能够进一步激发广大退役军人继续投身社会建设的积极性和热情。"全国模范退役军人、全国退役军人工作模范单位及个人"作为《退役军人事务工作表彰奖励办法》中规定的常设项目之一，表彰周期为5年。并且，全国模范退役军人、全国退役军人工作模范个人获得者享受省部级表彰奖励获得者待遇。《关于加强军人军属、退役军人和其他优抚对象优待工作的意见》中规定，要着眼建立健全优抚对象荣誉体系，进一步强化精神褒扬和荣誉激励。

二、立功受奖退役军人享受相应待遇

立功受奖是军人荣誉体系的重要组成部分，是评判广大军人政治思想、军事素质、日常表现、个人能力等综合素质的重要指标，主要包括嘉奖、三等功、二等功、一等功和荣誉称号五种类型，并对平时和战时予以区分。保障退役军人服现役期间获得表彰、奖励的，退役后按照国家有关规定享受相应待遇，这是我国一直加大对退役军人优抚工作力度的重要表现，有利于提升军人军属的荣誉感，激发广大军人的积极性。

第五十八条　【迎接仪式】退役军人安置地人民政府在接收退役军人时，应当举行迎接仪式。迎接仪式由安置地人民政府退役军人工作主管部门负责实施。

条文注释

本条是关于迎接仪式的规定。

一、举行迎接仪式

退役军人安置地人民政府在接收退役军人时，应当举行迎接仪式。将迎接仪式写入法律，是近年来我国对退役军人尊重与关爱的具体体现。举行迎接仪式，是军人身份转变的一种过渡仪式，可以让退役军人感受到社会的温暖和尊重，也进一步激发了他们继续投身社会建设的积极性和热情。这一规定不仅彰显了国家对退役军人的重视，也体现了全社会对军人职业的尊崇和敬意。

二、安置地人民政府退役军人工作主管部门负责实施

本条规定退役军人迎接仪式由安置地人民政府退役军人工作主管部门负责实施，落实了迎接仪式的主管部门。目前，全国各地退役军人主管部门已经普遍开展对退役军人的迎接仪式工作，并结合自身工作实际，不断丰富迎接仪式的内容。

关联法规

《关于加强军人军属、退役军人和其他优抚对象优待工作的意见》

第五十九条　【光荣牌】地方人民政府应当为退役军人家庭悬挂光荣牌，定期开展走访慰问活动。

条文注释

本条是关于光荣牌的规定。

一、悬挂光荣牌

光荣牌，是指由省级人民政府退役军人事务部门按照国家规定的样式统一制作的“光荣之家”标识牌，是褒扬为国家、国防和人民

牺牲奉献的荣誉载体和象征，应当得到尊重和爱护。2018 年 7 月 29 日，《为烈属、军属和退役军人等家庭悬挂光荣牌工作实施办法》对光荣牌的悬挂范围、名称、材质、规格等进行了规定。2019 年 8 月，《光荣牌悬挂服务管理工作规定（试行）》对悬挂光荣牌的悬挂范围、组织实施、生产制作及分发、监督管理等进行了具体规定。此外，《关于加强军人军属、退役军人和其他优抚对象优待工作的意见》中也提到了要为退役军人家庭悬挂光荣牌，进一步强化精神褒扬和荣誉激励。

二、定期开展走访慰问活动

定期开展走访慰问活动，可以深入了解退役军人家庭的生活状况和需求，为他们提供必要的帮助和支持，进一步体现国家对退役军人的关爱和尊重。《为烈属、军属和退役军人等家庭悬挂光荣牌工作实施办法》第 13 条规定，各地区应结合悬挂光荣牌工作和本地实际，视情开展送年画春联、走访慰问和为立功现役军人家庭送立功喜报等活动。各地应当积极开展各种形式的慰问活动，形成多种优待活动与荣誉激励相结合的工作新模式。

关联法规

《光荣牌悬挂服务管理工作规定（试行）》；《为烈属、军属和退役军人等家庭悬挂光荣牌工作实施办法》

第六十条　【参加重大庆典活动】国家、地方和军队举行重大庆典活动时，应当邀请退役军人代表参加。

被邀请的退役军人参加重大庆典活动时，可以穿着退役时的制式服装，佩戴服现役期间和退役后荣获的勋章、奖章、纪念章等徽章。

条文注释

本条是关于参加重大庆典活动的规定。

一、国家、地方和军队举行重大庆典活动邀请退役军人代表参加

本条第 1 款规定，国家、地方和军队举行重大庆典活动，应当邀

请退役军人代表参加，体现了党和国家对退役军人地位的重视、对其所做贡献的肯定，也是对退役军人的褒扬和激励。国家、地方和军队的重大庆典活动各自涵盖不同的内容和形式，具体如下：

国家重大庆典活动主要包括：(1)党中央、国务院、中央军委组织的建党建军、国庆和纪念抗日战争胜利等重大纪念、庆典活动；(2)党和国家相关部门开展的面向退役军人的表彰奖励、典型宣传活动等。

地方重大庆典活动包括：(1)县级以上党委和政府开展的面向退役军人的表彰奖励典型宣传活动；(2)县级以上党委和政府为纪念重大历史事件、重要历史人物，国家法定节日、纪念日等举行的庆典、集会活动；(3)县级以上党委和政府组织或批准开展的国防教育、英烈祭扫纪念活动等。

军队重大庆典活动包括：(1)军队相关部门以及驻地军事机关开展的面向退役军人的表彰奖励、典型宣传活动；(2)驻地军事机关为纪念重大历史事件、重要历史人物，国家法定节日、纪念日等举行的庆典、集会活动；(3)驻地军事机关组织或批准开展的国防教育、英烈祭扫纪念活动等。

二、退役军人参加重大庆典活动时的着装要求

本条第2款规定，被邀请的退役军人参加重大庆典活动时，可以穿着退役时的制式服装，佩戴服现役期间和退役后荣获的勋章、奖章、纪念章等徽章。为了指导退役军人参加大型活动着装行为，《应邀以退役军人身份参加大型活动着装办法（试行）》对应邀以退役军人身份参加大型活动的着装行为进行了统一规范。

关联法规

《中国人民解放军内务条令》第65条；《应邀以退役军人身份参加大型活动着装办法（试行）》

第六十一条 【参与爱国主义教育和国防教育】国家注重发挥退役军人在爱国主义教育和国防教育活动中的积极作用。

机关、群团组织、企业事业单位和社会组织可以邀请退役军人协助开展爱国主义教育和国防教育。县级以上人民政府教育行政部门可以邀请退役军人参加学校国防教育培训，学校可以聘请退役军人参与学生军事训练。

条文注释

本条是关于参与爱国主义教育和国防教育的规定。

一、发挥退役军人在爱国主义教育和国防教育活动中的积极作用

我们党和国家历来注重全民爱国主义教育和国防教育。国家在全体人民中开展爱国主义教育，培育和增进对中华民族和伟大祖国的情感，传承民族精神、增强国家观念，壮大和团结一切爱国力量，使爱国主义成为全体人民的坚定信念、精神力量和自觉行动。国防教育是建设和巩固国防的基础，是增强民族凝聚力、提高全民素质的重要途径。国家在全体公民中开展以爱国主义为核心，以履行国防义务为目的，与国防和军队建设有关的理论、知识、技能以及科技、法律、心理等方面的国防教育，有利于发扬爱国主义精神，促进国防建设和社会主义精神文明建设。

本条规定，国家注重发挥退役军人在爱国主义教育和国防教育活动中的积极作用，是贯彻落实习近平总书记关于加强全民爱国主义教育和国防教育的重要举措。广大退役军人，经过了人民军队“大熔炉”的淬炼，他们政治立场坚定、意志坚韧不拔、吃苦耐劳精神显著、作风优良严谨，是强化全民爱国主义教育与国防教育不可或缺的中坚力量。充分激发并引导广大退役军人积极投身于爱国主义与国防教育事业，是全民国防教育不可或缺的重要组成部分，也是其应有的责任与使命。

二、退役军人协助开展爱国主义教育和国防教育

机关、群团组织、企业事业单位和社会组织不仅应接受爱国主义教育，承担国防教育的权利和义务，还肩负着向社会普及爱国主义和国防教育的重任。这些机构的工作人员必须学习并掌握必要

的国防知识，这是其履行职责的基本要求。在此基础上，邀请退役军人参与爱国主义教育和国防教育活动，能够充分发挥退役军人在这一领域中的独特作用，对于普及、加强以及创新爱国主义教育和国防教育的方式方法，提高全民的爱国意识和国防观念具有重要意义。

三、退役军人参加学校国防教育培训

学校国防教育是全民国防教育的基础，是实施素质教育的重要内容。教育行政部门应当将国防教育列入工作计划，加强对学校国防教育的组织、指导和监督，并对学校国防教育工作定期进行考核。县级以上人民政府教育行政部门可以邀请退役军人参加学校国防教育培训，有利于充分利用退役军人的身份对学生进行兵役宣传教育相结合，增强学生依法服兵役的意识，营造服兵役光荣的良好氛围。

同时，学校应当将国防教育列入学校的工作和教学计划，采取有效措施，保证国防教育的质量和效果。普通高等学校、高中阶段学校在对学生进行军事训练时，学校可以聘请退役军人参与学生军事训练。

关联法规

《爱国主义教育法》；《国防教育法》；《新时代爱国主义教育实施纲要》

第六十二条　【先进事迹宣传】县级以上人民政府退役军人工作主管部门应当加强对退役军人先进事迹的宣传，通过制作公益广告、创作主题文艺作品等方式，弘扬爱国主义精神、革命英雄主义精神和退役军人敬业奉献精神。

条文注释

本条是关于先进事迹宣传的规定。

选树先进典型并进行广泛宣传，既是我们党政治工作长久以来的优良传统，也是宣传工作的重要组成部分，更是新时代背景下加强思想政治工作的重要着力点。《关于加强军人军属、退役军人和其他优抚对象优待工作的意见》规定，宣传优抚对象中优秀典型的先进事迹，不断扩大荣誉优待的范围和影响。因此，县级以上人民政府退役军人工作主管部门应当加强对退役军人先进事迹的宣传。

对退役军人先进事迹的宣传过程中，应注重采用多元化的宣传手段，构建全方位的立体化宣传格局。在充分利用报刊、电视、广播等传统媒介的传播优势的同时，要积极拥抱新媒体时代，广泛借助微博、微信、短视频平台等社交媒体和新兴媒体的力量。此外，还应通过组织报告会、座谈会、专题演讲、征文比赛等活动，以及创作和展演以退役军人先进事迹为主题的文艺作品，如戏剧、音乐、舞蹈等，以群众喜闻乐见的方式生动讲述退役军人的感人故事，深入展现他们的卓越贡献和崇高精神。通过这些丰富多彩的宣传形式，旨在进一步激发广大退役军人的荣誉感和使命感，引导他们继续传承和发扬人民军队的优良传统，为社会发展贡献新的力量。

关联法规

《关于加强军人军属、退役军人和其他优抚对象优待工作的意见》

第六十三条 【编录地方志的退役军人的名录和事迹】县级以上地方人民政府负责地方志工作的机构应当将本行政区域内下列退役军人的名录和事迹，编辑录入地方志：

（一）参战退役军人；

（二）荣获二等功以上奖励的退役军人；

（三）获得省部级或者战区级以上表彰的退役军人；

（四）其他符合条件的退役军人。

条文注释

本条是关于将退役军人的名录和事迹编辑录入地方志的规定。

地方志，包括地方志书、地方综合年鉴。地方志书，是指全面系统地记述本行政区域自然、政治、经济、文化和社会的历史与现状的资料性文献。地方综合年鉴，是指系统记述本行政区域自然、政治、经济、文化、社会等方面情况的年度资料性文献。编修地方志是中华民族优秀文化传统，历史悠久，连绵不断。编纂地方志应当做到存真求实，确保质量，全面、客观地记述本行政区域自然、政治、经济、文化和社会的历史与现状。

将退役军人的名录和事迹编辑录入地方志，能够充分体现国家对于退役军人的尊重和关怀，宣传他们的光荣事迹。参战退役军人、荣获二等功以上奖励的退役军人、获得省部级或者战区级以上表彰的退役军人等退役军人，是广大退役军人的杰出代表，他们的事迹通过被载入地方志而得到广泛宣传，不仅能够成为培育和践行社会主义核心价值观的鲜活范例，也能展现奋力拼搏、开拓进取的精神风貌，从而在全社会树立了向模范学习的良好风气。

关联法规

《退役军人名录和事迹载入地方志实施办法（试行）》

第六十四条　【烈士纪念设施的建立及修缮、保管】国家统筹规划烈士纪念设施建设，通过组织开展英雄烈士祭扫纪念活动等多种形式，弘扬英雄烈士精神。退役军人工作主管部门负责烈士纪念设施的修缮、保护和管理。

国家推进军人公墓建设。符合条件的退役军人去世后，可以安葬在军人公墓。

条文注释

本条是关于烈士纪念设施的建立和军人公墓建设的规定。

一、烈士纪念设施

烈士纪念设施，是指在中华人民共和国境内按照国家有关规定为纪念缅怀英烈专门修建的烈士陵园、烈士墓、烈士骨灰堂、烈士英名墙、纪念堂馆、纪念碑亭、纪念塔祠、纪念塑像、纪念广场等设施。国务院退役军人工作主管部门负责指导全国烈士纪念设施的保护管理工作。县级以上地方人民政府退役军人工作主管部门负责本行政区域烈士纪念设施的保护管理工作。县级以上人民政府退役军人工作主管部门会同财政、发展改革等部门安排烈士纪念设施保护管理和维修改造经费，用于烈士纪念设施维修改造、设备更新、环境整治、展陈宣传和祭扫纪念活动等工作，接受财政、审计部门和社会监督。

二、开展纪念活动，弘扬烈士精神

开展英雄烈士祭扫纪念活动，是新时代烈士褒扬工作的重要内容。国家通过组织开展英雄烈士祭扫纪念活动等多种形式，弘扬英雄烈士精神，传承和发扬他们的崇高品质和英勇事迹。近年来，各地不断创新祭扫纪念方式，开展多种形式的宣传教育活动。例如，根据《烈士公祭办法》，在清明节、国庆节或者烈士纪念日等重大庆典日、重要纪念日，县级以上地方人民政府会在本行政区域内举行烈士公祭活动。这些活动庄严、肃穆、隆重，旨在缅怀纪念烈士，传承和弘扬烈士精神。

三、推进军人公墓建设

军人公墓是专门用于安葬符合条件的已故现役军人和退役军人骨灰或者遗体的公共服务设施。它是国家、社会和人民对军人牺牲奉献的褒扬和纪念，是构建军人荣誉激励机制的重要组成部分，有利于弘扬良好社会风尚、培育和践行社会主义核心价值观，对传承红色基因、弘扬红色文化也具有重要意义。符合条件的退役军人去世后，可以安葬在军人公墓。这种做法不仅能够向退役军人表达敬仰和哀思，还能够开展爱国主义教育和国防教育，对形成全社会尊崇军人风尚具有重要意义。

关联法规

《烈士纪念设施保护管理办法》

第八章　服务管理

第六十五条　【建立健全退役军人服务体系】国家加强退役军人服务机构建设，建立健全退役军人服务体系。县级以上人民政府设立退役军人服务中心，乡镇、街道、农村和城市社区设立退役军人服务站点，提升退役军人服务保障能力。

条文注释

本条是关于建立健全退役军人服务体系的规定。

国家加强退役军人服务机构建设，建立健全退役军人服务体系，积极推动各级服务中心（站）规范化建设，是加强退役军人服务保障工作的重要举措。县级以上人民政府应当切实承担建立退役军人保障体系的重要责任，在机构设立、编制人员、经费支持、工作保障等方面做好工作。县级以上人民政府设立退役军人服务中心，乡镇、街道、农村和城市社区设立退役军人服务站点，提升退役军人服务保障能力，解决退役军人服务保障的"最后一公里"问题。

第六十六条 【服务保障工作】退役军人服务中心、服务站点等退役军人服务机构应当加强与退役军人联系沟通，做好退役军人就业创业扶持、优抚帮扶、走访慰问、权益维护等服务保障工作。

条文注释

本条是关于服务保障工作的规定。

一、退役军人服务机构应当加强与退役军人联系沟通

退役军人服务中心、服务站点等退役军人服务机构应当加强与退役军人联系沟通，这种做法能够激发广大退役军人干事创业、安居乐业的积极性、主动性。退役军人服务中心、服务站点等退役军人服务机构的工作人员应该对退役军人进行沟通联络、谈心谈话；大力开展对退役军人的政策宣传，推动这些政策的落实。做好退役军人的思想工作，切实为退役军人解决实际困难。

二、做好退役军人的服务保障工作

1. 就业创业扶持

主要包括以下工作：围绕退役军人就业创业需求，提供就业创业服务和政策咨询；协调落实就业创业优惠政策等。县级及以下退役军人服务中心（站）需着重了解并掌握退役军人的就业创业意愿及个人专业技能等信息，以便精准对接市场需求与个人能力，有效组织并开展针对退役军人的适应性培训、职业教育以及专业技能培

训等项目。

2. 优抚帮扶

主要包括:掌握生活存在特殊困难的退役军人基本情况,多渠道筹措资金针对性做好帮扶援助工作。县级以下退役军人服务中心(站)需全面、动态地掌握生活存在特殊困难的退役军人的基本情况,并据此常态化地开展具有针对性的精准帮扶援助工作。

3. 走访慰问

走访慰问是各级退役军人服务中心(站)的常态化工作,尤其以县级以下服务中心(站)为重点。其核心任务包括送达立功喜报、悬挂光荣牌,并在退役军人遭遇重大变故时,及时开展走访慰问等具体服务。

4. 权益维护

县级以下退役军人服务中心(站)的核心职责之一,是高效协助处理退役军人的来访接待、来信办理、网上信访及电话信访工作,妥善处理相关部门交办的信访事项,并严格落实信访事项的首办责任制,确保矛盾问题能够依法、及时、就地得到化解。在条件允许的情况下,这些服务中心(站)还会进一步开展心理疏导、法律服务等增值服务。

关联法规

《退役军人安置条例》第66－71条

第六十七条　【加强思想政治教育工作】县级以上人民政府退役军人工作主管部门应当加强退役军人思想政治教育工作,及时掌握退役军人的思想情况和工作生活状况,指导接收安置单位和其他组织做好退役军人的思想政治工作和有关保障工作。

接收安置单位和其他组织应当结合退役军人工作和生活状况,做好退役军人思想政治工作和有关保障工作。

条文注释

本条是关于加强思想政治教育工作的规定。

一、主管部门应当加强退役军人思想政治教育工作

县级以上人民政府退役军人工作主管部门在思想政治教育工作中应起到核心协调作用，构建党委统一指挥、军地多部门紧密合作的工作体系，推动退役军人思想政治工作的深入开展。(1)退役军人工作主管部门需采取多种措施，如定期走访慰问、主动沟通联络、组织座谈交流等，以深入开展党的基本理论、路线方针政策、人民军队的性质宗旨、优良传统、法制纪律及道德规范的教育宣传。(2)退役军人工作主管部门需定期掌握本区域内退役军人的思想状况及工作生活情况，及时将退役军人的意见和建议反馈给接收安置单位及其他相关组织，并围绕思想政治工作的核心目标、具体内容及实施方式等方面，为这些单位和组织提供必要的指导与支持。

二、接收安置单位和其他组织做好退役军人思想政治工作

接收安置单位是退役军人的工作单位，应深切体现对退役军人的尊重与关怀，积极组织并开展多样化的思想政治教育活动。这些活动需紧密围绕退役军人的实际工作和生活状况，确保思想教育与实际帮助并举。

同时，应当充分调动其他组织和社会力量的积极性、主动性，形成全社会共同参与退役军人思想政治工作的良好局面。例如，各类新闻媒体应加大对优秀退役军人典型事迹的宣传力度，通过报道他们的先进事迹和感人故事，展现退役军人的良好形象和崇高精神。

第六十八条 【保密教育和管理】县级以上人民政府退役军人工作主管部门、接收安置单位和其他组织应当加强对退役军人的保密教育和管理。

条文注释

本条是关于保密教育和管理的规定。

现役军人的保密教育和管理主要由部队负责，而当其退出现役后，保密教育和管理的责任则随人事管理关系的转移而由接收单位

或相关机构承担。根据本法及相关规定，退出现役的军人，其保密教育和管理将依据其安置方式由不同的主体负责。例如，以转业方式安置的军官和以安排工作方式安置的军士，其保密教育和管理一般由接收安置单位的办公室或专职保密部门负责。以退休方式移交安置的军官，则由军休所的专门机构负责。对于自主就业、自主择业方式安置的退役军人，则主要利用开展职业教育和技能培训的机会进行保密教育，加强其安全保密意识和技能。

对退役军人的保密教育和管理，要做到紧抓保密意识，紧抓脱密期管理，紧抓保密常识教育。

第六十九条 【宣传与退役军人相关的法律法规和政策制度】县级以上人民政府退役军人工作主管部门应当通过广播、电视、报刊、网络等多种渠道宣传与退役军人相关的法律法规和政策制度。

条文注释

本条是关于法律政策宣传的规定。

一、宣传与退役军人相关的法律法规和政策制度

党的十八大以来，党中央高度重视保障退役军人的合法权益，出台了一系列法律法规和政策制度，全面覆盖退役军人的移交接收、退役安置、教育培训、就业创业、抚恤优待及褒扬激励等多个方面。与此同时，各地相关部门也积极响应，依据法律法规和政策制度，结合本地实际情况，制定并实施了具体的实施办法和保障标准，以确保政策的有效落地和退役军人的切实利益。为了帮助广大退役军人切实理解并运用这些法律法规和政策制度，有必要对其做好宣传解读工作，帮助他们全面、准确地理解相应的适用范围和标准。

二、通过多种渠道宣传

为了更有效地宣传退役军人相关的法律法规和政策制度，相关工作主管部门需充分发挥其主观能动性，针对退役军人群体年龄跨度大、信息获取方式多样化的特点，在保持广播、电视、报刊等传统宣传渠道稳定的同时，积极拓展自媒体、短视频等新兴网络宣传渠道，

实施全面且有针对性的系统性宣传活动。

具体来说，相关工作主管部门应认识到退役军人群体的特殊性，他们年龄分布广泛，信息获取习惯也各不相同。因此，在宣传策略上需要灵活多变，既要坚守传统的宣传阵地，如广播、电视和报刊，这些渠道对于年龄较大、习惯传统媒介的退役军人来说仍然具有重要影响力；同时，也要紧跟时代步伐，积极开拓自媒体、短视频等网络宣传渠道，这些新兴渠道更受年轻退役军人的青睐，能够迅速传递信息并引发广泛关注。

需要注意的是，在开展宣传工作时，对于涉及国家和军队秘密的政策文件，要注意保密纪律，控制知晓的人员范围。

第七十条 【建立健全退役军人权益保障机制】县级以上人民政府退役军人工作主管部门应当建立健全退役军人权益保障机制，畅通诉求表达渠道，为退役军人维护其合法权益提供支持和帮助。退役军人的合法权益受到侵害，应当依法解决。公共法律服务有关机构应当依法为退役军人提供法律援助等必要的帮助。

条文注释

本条是关于建立健全退役军人权益保障机制的规定。

一、建立健全退役军人权益保障机制

建立健全退役军人权益保障机制，既是党中央的重大决策部署也是维护退役军人的合法权益的重要支撑。县级以上人民政府退役军人工作主管部门应当加强部门间的联动与军地协同合作。通过设立投诉热线和投诉窗口等有效渠道，确保退役军人的诉求能够顺畅表达，并及时得到受理和反馈。同时，这些主管部门还需积极代表退役军人与其他相关部门进行沟通协调，以高效解决退役军人的诉求事项，推动矛盾在基层得到化解，服务实现精准规范，从而构建起退役军人事务领域基层权益保障的全新格局。

二、退役军人的合法权益受到侵害，应当依法解决

首先，退役军人应当维护的是其合法权益，其表达的诉求必须

严格符合法律法规或政策制度的明确规定。对于无规范依据或超出规定范围的不合理诉求，并不属于法律所保障的合法权益范畴。同时，相关部门在处理退役军人的诉求时，也必须严格依照相关法律法规或政策制度进行，确保退役军人的合法权益不受损害。其次，退役军人维护自己的合法权益，应该选择合法的渠道，遵守法律法规。

三、公共法律服务有关机构应当提供必要的帮助

公共法律服务是政府公共职能的重要组成部分，应该保障特殊群体的基本公共法律服务权益。退役军人作为为国家做出特殊贡献的群体，应当作为公共法律服务的重点对象。公共法律服务机构应该为退役军人提供法律援助、法律咨询等法律服务。

第七十一条　【指导、督促退役军人保障工作】县级以上人民政府退役军人工作主管部门应当依法指导、督促有关部门和单位做好退役安置、教育培训、就业创业、抚恤优待、褒扬激励、拥军优属等工作，监督检查退役军人保障相关法律法规和政策措施落实情况，推进解决退役军人保障工作中存在的问题。

条文注释

本条是关于指导、督促退役军人保障工作的规定。

一、指导、督促有关部门和单位做好相关工作

退役军人工作主管部门应发挥引领作用，指导和监督相关部门精准理解和执行退役军人相关的法律法规与政策制度，确保各部门在其职责范围内有效推进退役军人工作。这些工作具体包括本法规定的退役安置、教育培训、就业创业、抚恤优待、褒扬激励、拥军优属等。此外，还应定期跟进了解退役军人的工作状况，并督促接收安置单位持续关注和完善退役军人的安置工作，确保其得到妥善安置和应有关怀。

二、监督检查退役军人保障相关法律法规和政策措施落实情况

县级以上人民政府退役军人工作主管部门监督检查的范围，应当是与退役军人保障相关的法律法规和政策措施的落实情况。监

督检查落实情况的具体内容，应包括相关部门是否切实履行了有关条款规定的工作职责，是否制定或出台了配套的实施办法或保障标准等。必要时，可以向社会公开监督检查的有关情况。

三、推进解决退役军人保障工作中存在的问题

县级以上人民政府退役军人工作主管部门需认真研究退役军人保障工作中遇到的各类问题，全力维护广大退役军人的合法权益。对于属于本部门职责范围内的事项，应依法依规、妥善有效地加以解决；对于超出本部门职责范围的问题，则应积极主动地与相关部门进行沟通协调，共同研究并提出切实可行的解决方案，以推动问题得到尽快解决。在此过程中，还应及时向相关人员做好解释说明工作，确保信息透明、沟通顺畅。

第七十二条 【退役军人保障工作责任制和考核评价制度】国家实行退役军人保障工作责任制和考核评价制度。县级以上人民政府应当将退役军人保障工作完成情况，纳入对本级人民政府负责退役军人有关工作的部门及其负责人、下级人民政府及其负责人的考核评价内容。

对退役军人保障政策落实不到位、工作推进不力的地区和单位，由省级以上人民政府退役军人工作主管部门会同有关部门约谈该地区人民政府主要负责人或者该单位主要负责人。

条文注释

本条是关于退役军人保障工作责任制和考核评价制度的规定。

一、退役军人保障工作责任制

退役军人保障工作责任制的核心在于明确各级政府及其部门、工作人员的具体职责和任务，依据各自的职能任务和岗位职责，细致地将退役军人保障工作分配到每个岗位、每位责任人，以确保所有事务均有专人负责，一旦出现问题能够迅速追责。

(1)责任主体明确。国务院退役军人工作主管部门负责全国的退役军人保障工作，县级以上地方人民政府退役军人工作主管部门

负责本行政区域的退役军人保障工作。同时，中央和国家有关机关、中央军事委员会有关部门、地方各级有关机关也应当在各自职责范围内做好退役军人保障工作。

(2)多方协同配合。军队各级负责退役军人有关工作的部门与县级以上人民政府退役军人工作主管部门应当密切配合，共同做好退役军人保障工作。此外，国家还加强退役军人保障工作信息化建设，实现有关部门之间信息共享，以提高退役军人保障能力。

二、退役军人保障工作考核评价制度

退役军人保障工作考核评价制度，是指上级人民政府对下级人民政府及其负责人，本级人民政府对有关部门及其负责人，通过评议、考核等方式监督其落实所承担的退役军人保障工作职责的制度。本条第1款规定，县级以上人民政府应当将退役军人保障工作完成情况，纳入对本级人民政府负责退役军人有关工作的部门及其负责人、下级人民政府及其负责人的考核评价内容。考核评价主体包括：上级人民政府，考核评价对象是下级人民政府及其负责人；本级人民政府，考核评价对象是有关部门及其负责人。考核评价内容是各级人民政府及有关部门退役军人保障工作的完成情况。

三、约谈落实不到位、工作推进不力的地区和单位的负责人

约谈，是指上级行政机关监督下级行政机关是否依法行使职权的一项监督制度，既是行政层级监督的重要表现形式，也是落实工作责任制的重要保障措施。约谈，是具有法律效力的行政层级监督行为，相当于上级对下级提出的警示或者告诫，甚至是直接提出要求。

约谈的情形是政策落实不到位、工作推进不力。约谈的权限是省级以上人民政府退役军人工作主管部门和有关部门。约谈的对象是相关地区人民政府主要负责人或者相关单位主要负责人。

第七十三条 【接受社会监督】退役军人工作主管部门及其工作人员履行职责，应当自觉接受社会监督。

条文注释

本条是关于接受社会监督的规定。

社会监督,是指由公民、法人或者社会组织对行政体制内的单位及其工作人员的监督。退役军人工作主管部门作为国家机关组成部门,退役军人工作主管部门工作人员作为国家公职人员,其履行职责,除了必须接受党的机关、权力机关、司法机关等监督外,还必须自觉接受包括退役军人在内的社会各界的监督。需要注意的是,进行社会监督的方式必须是合法的,如拨打举报热线、申请行政复议等。

第七十四条　【检举、控告】对退役军人保障工作中违反本法行为的检举、控告,有关机关和部门应当依法及时处理,并将处理结果告知检举人、控告人。

条文注释

本条是关于检举、控告的规定。

检举控告权是宪法赋予公民的基本权利。《宪法》第 41 条第 1 款规定,中华人民共和国公民对于任何国家机关和国家工作人员,有提出批评和建议的权利;对于任何国家机关和国家工作人员的违法失职行为,有向有关国家机关提出申诉、控告或者检举的权利,但是不得捏造或者歪曲事实进行诬告陷害。检举,是公民向有关国家机关和部门反映、揭露违法活动情况、提供有关违法事实证据的行为。控告,是合法权益受到不法侵害的公民或组织,向有关机关和部门指控、告发、请求保护、要求惩处违法者的行为。任何公民都有权对退役军人保障工作中的违法行为依法进行检举、控告。

我国依法负责接收、处理公民检举控告的机关和部门主要包括纪检监察机关、检察机关、公安机关、政府信访部门等。负责接收、处理检举控告的机关和部门,在收到检举、控告后,应当及时处理,并将处理结果告知检举人、控告人,不得敷衍塞责,不得将检举、控告材料转给被检举人或被控告人。对于不属于本机关或部门职责的检举控告应该及时将材料移交有权查处的机关或部门处理,并将移交情况告知检举人和控告人。有关机关和部门在接到检举、控告后,应当依法及时处理，并将处理结果告知检举人、控告人。

关联法规

《宪法》第 41 条

第九章 法律责任

第七十五条 【对退役军人工作主管部门及其工作人员依法给予处分的情形】退役军人工作主管部门及其工作人员有下列行为之一的，由其上级主管部门责令改正，对直接负责的主管人员和其他直接责任人员依法给予处分：

（一）未按照规定确定退役军人安置待遇的；

（二）在退役军人安置工作中出具虚假文件的；

（三）为不符合条件的人员发放退役军人优待证的；

（四）挪用、截留、私分退役军人保障工作经费的；

（五）违反规定确定抚恤优待对象、标准、数额或者给予退役军人相关待遇的；

（六）在退役军人保障工作中利用职务之便为自己或者他人谋取私利的；

（七）在退役军人保障工作中失职渎职的；

（八）有其他违反法律法规行为的。

条文注释

本条是关于对退役军人工作主管部门及其工作人员依法给予处分的规定。

一、违法情形

本条对退役军人工作主管部门及其工作人员的违法行为进行了规定，主要有以下几种：

(1)未按照规定确定退役军人安置待遇的。本法第 3 章以及其他相关法律法规规定了关于退役军人安置的相关内容。退役军人工作主管部门及其工作人员如果没有严格依法履行相关职责，则构成违法行为。

(2)在退役军人安置工作中出具虚假文件的。退役军人的相关工作都需要退役军人工作主管部门出具相关证明文件，如果其违反规定出具虚假文件，构成违法行为。

(3)为不符合条件的人员发放退役军人优待证的。本法第15条第1款规定，安置地人民政府退役军人工作主管部门在接收退役军人时，向退役军人发放退役军人优待证。并不是所有的退役军人都有资格领取退役军人优待证，如违法犯罪的退役军人就不可以领取。如果退役军人工作主管部门及其工作人员为不符合条件的人员发放退役军人优待证，则构成违法行为。

(4)挪用、截留、私分退役军人保障工作经费的。退役军人保障工作经费，是国家用于退役军人安置、教育培训等保障工作的专用资金，任何单位和个人不得挪用、截留和私分。如果挪用、截留、私分，则构成违法行为。

(5)违反规定确定抚恤优待对象、标准、数额或者给予退役军人相关待遇的。相关法律法规对于确定抚恤优待对象标准、数额和退役军人相关待遇有明确规定，退役军人工作主管部门及其工作人员应该依法确定。如果违法确定，则构成违法行为。

(6)在退役军人保障工作中利用职务之便为自己或者他人谋取私利的。退役军人工作主管部门及其工作人员如果利用职务上的便利，为自己或者他人谋取私利的，则构成违法行为。

(7)在退役军人保障工作中失职渎职的。如果退役军人工作主管部门及其工作人员没有尽到责任，在执行职务中有严重过失，则构成失职渎职，构成违法行为。

(8)有其他违反法律法规行为的。本项为兜底条款。

二、法律责任

本条规定的违法责任是责令改正和处分。根据《公务员法》《公职人员政务处分法》等相关规定，处分包括六种方式：(1)警告；

(2)记过;(3)记大过;(4)降级;(5)撤职;(6)开除。

第七十六条 【其他负责退役军人有关工作的部门及其工作人员的违法责任】其他负责退役军人有关工作的部门及其工作人员违反本法有关规定的,由其上级主管部门责令改正,对直接负责的主管人员和其他直接责任人员依法给予处分。

条文注释

本条是关于其他负责退役军人有关工作的部门及其工作人员的违法责任的规定。

退役军人保障工作是一项涉及多方面的综合性任务,它要求中央及国家相关机构、中央军事委员会的有关部门,以及地方各级相关机关之间必须形成合力,加强协作与紧密配合。本法第7条第2、3款规定,中央和国家有关机关、中央军事委员会有关部门、地方各级有关机关应当在各自职责范围内做好退役军人保障工作。军队各级负责退役军人有关工作的部门与县级以上人民政府退役军人工作主管部门应当密切配合,做好退役军人保障工作。其他负责退役军人有关工作的部门就是指上述部门。

其他负责退役军人有关工作的部门及其工作人员应当严格依照本法规定为退役军人保障工作尽职尽责,如果违反,则由其上级主管部门责令改正,对直接负责的主管人员和其他直接责任人员依法给予处分。

第七十七条 【拒绝或者无故拖延执行退役军人安置任务的法律责任】违反本法规定,拒绝或者无故拖延执行退役军人安置任务的,由安置地人民政府退役军人工作主管部门责令限期改正;逾期不改正的,予以通报批评。对该单位主要负责人和直接责任人员,由有关部门依法给予处分。

条文注释

本条是关于拒绝或者无故拖延执行退役军人安置任务的法律

责任的规定。

为了做好退役军人安置工作，本法第3章专章规定了退役安置，机关、群团组织、企业事业单位和社会组织应当依法接收安置退役军人。相关单位应当严格落实本法的规定，如果拒绝或者无故拖延执行退役军人安置任务的，由安置地人民政府退役军人工作主管部门责令限期改正；逾期不改正的，予以通报批评。对该单位主要负责人和直接责任人员，由有关部门依法给予处分。

第七十八条 【退役军人弄虚作假骗取退役相关待遇的法律责任】退役军人弄虚作假骗取退役相关待遇的，由县级以上地方人民政府退役军人工作主管部门取消相关待遇，追缴非法所得，并由其所在单位或者有关部门依法给予处分。

条文注释

本条是关于退役军人弄虚作假骗取退役相关待遇的法律责任的规定。

退役军人为国防和军队建设做出了重要贡献，是社会主义现代化建设的重要力量。但是，现实中还存在一些退役军人通过弄虚作假骗取退役相关待遇的现象，本条明确规定，存在上述行为的，由县级以上地方人民政府退役军人工作主管部门取消相关待遇，追缴非法所得，并由其所在单位或者有关部门依法给予处分。

第七十九条 【调整退役军人退役待遇】退役军人违法犯罪的，由省级人民政府退役军人工作主管部门按照国家有关规定中止、降低或者取消其退役相关待遇，报国务院退役军人工作主管部门备案。

退役军人对省级人民政府退役军人工作主管部门作出的中止、降低或者取消其退役相关待遇的决定不服的，可以依法申请行政复议或者提起行政诉讼。

条文注释

本条是关于调整退役军人退役待遇的规定。

一、调整退役军人退役相关待遇

退役军人实施违法犯罪行为，侵害了国家和人民的利益，应当依法对其违法犯罪行为进行惩罚，同时调整其退役相关待遇。将违法犯罪行为与待遇相联系的做法，在政策法规中已有明确规定，并涵盖了现役军人、退役军人以及其他社会群体，且不乏实际执行的先例。调整退役军人退役相关待遇的执行主体是省级人民政府退役军人工作主管部门，调整之后要报国务院退役军人工作主管部门备案。

二、法律救济

本条第 2 款规定，退役军人对省级人民政府退役军人工作主管部门作出的中止、降低或者取消其退役相关待遇的决定不服的，可以依法申请行政复议或者提起行政诉讼。行政复议，是指公民、法人或者其他组织认为行政机关的行政行为侵犯其合法权益，向行政复议机关提出行政复议申请，行政复议机关办理行政复议案件。行政诉讼，是指公民、法人或者其他组织认为行政机关和行政机关工作人员的行政行为侵犯其合法权益，有权依照本法向人民法院提起诉讼。

第八十条　【法律衔接】违反本法规定，构成违反治安管理行为的，依法给予治安管理处罚；构成犯罪的，依法追究刑事责任。

条文注释

本条是关于法律衔接的规定。

本条的适用主体既包括退役军人，也包括退役军人工作主管部门及其工作人员、其他有关部门及其工作人员。上述主体违反本法规定的同时，其违法行为又触犯了《治安管理处罚法》和《刑法》的相关规定，应该依法给予治安管理处罚或者追究刑事责任。

需要注意的是，当出现法律责任竞合时，退役军人工作主管部门及其工作人员、其他有关部门及其工作人员不仅要依照本法的规定承担责任，同时要依照《治安管理处罚法》或者《刑法》的规定承担责任。

第十章　附　　则

第八十一条　【中国人民武装警察部队的法律适用】中国人民武装警察部队依法退出现役的警官、警士和义务兵等人员，适用本法。

条文注释

本条是关于中国人民武装警察部队适用本法的规定。

人民武装警察部队是中华人民共和国武装力量的重要组成部分，由党中央、中央军事委员会集中统一领导。人民武装警察部队作为中华人民共和国武装力量的重要组成部分，其成员在服役期间享有与现役军人相同的权益。这些权益包括但不限于薪资待遇、医疗保障、住房保障等。当他们退出现役时，根据法律法规的规定，他们将继续享有退役军人的相关权益，如退役金、就业安置、社会保障等。

关联法规

《退役军人安置条例》第91条

第八十二条　【文职干部与军队院校学员的法律适用】本法有关军官的规定适用于文职干部。

军队院校学员依法退出现役的，参照本法有关规定执行。

条文注释

本条是关于文职干部与军队院校学员适用本法的规定。

中国人民解放军文职干部，是军队编制定额内不授予军衔的干部，是军队建设的重要力量，是国家干部队伍的组成部分。文职干部退出现役以后的安置和管理，按照现役军官的有关规定执行。需要注意的是,文职干部与文职人员不同,文职干部是现役军人,文职人员不是现役军人。文职人员,是指在军队编制岗位依法履行职责的非服兵役人员,是军队人员的组成部分,依法享有国家工作人员相应的权利、履行相应的义务。

军队院校学员,是指中国人民解放军院校按照国家和军队有关招生政策规定录取的全日制学习的干部学员、生长干部学员和士官学员。所有依据国家和军队相关招生政策被录取的军队院校学员,均拥有中国人民解放军军籍。当这些学员依法退出现役时,军队的相关政策法规已对其作出了全面的规定。基于这一情况,本条第2款明确规定,军队院校学员在依法退出现役后,将参照本法的相关规定执行。

第八十三条 【参战退役军人、参试退役军人相关规定】参试退役军人参照本法有关参战退役军人的规定执行。

参战退役军人、参试退役军人的范围和认定标准、认定程序,由中央军事委员会有关部门会同国务院退役军人工作主管部门等部门规定。

条文注释

本条是关于参战退役军人、参试退役军人的认定的规定。

参试退役军人,主要是指参加过核试验的退役军人。参试退役军人作为国防和军队建设的重要力量,他们为国家的安全和稳定付出了巨大的努力。在他们退出现役后,国家应当为其提供相应的保障和优待措施。根据本条第1款的规定,参试退役军人参照本法有关参战退役军人的规定执行。

参战、参试退役军人的身份认定是一项严谨且专业的政治任务,必须严格按照既定条件和程序进行。只有经过相关部门的正式认定,退役军人才能被确认为参战或参试身份,并据此享受相应的待遇与保障。因此,本条第2款授权中央军事委员会有关部门会同国务院退役军人工作主管部门等部门规定参战退役军人、参试退役军人的范围和认定标准、认定程序。

第八十四条 【其他人员安置管理】军官离职休养和军级以上职务军官退休后，按照国务院和中央军事委员会的有关规定安置管理。

本法施行前已经按照自主择业方式安置的退役军人的待遇保障，按照国务院和中央军事委员会的有关规定执行。

条文注释

本条是关于其他人员安置管理的规定。

《现役军官法》已经对离职休养军官和军级以上职务军官退休后的安置管理作了详细规定，本条第1款是衔接性规定，军官离职休养和军级以上职务军官退休后，按照国务院和中央军事委员会的有关规定安置管理。

本条第2款提到的本法施行前已经按照自主择业方式安置的退役军人，是指2001年以来已经按照《军队转业干部安置暂行办法》退出现役的自主择业军队转业干部。考虑到军事政策制度改革正在统筹推进，本款作了衔接性规定，规定本法施行前已经按照自主择业方式安置的退役军人的待遇保障，按照国务院和中央军事委员会的有关规定执行。

第八十五条 【施行日期】本法自2021年1月1日起施行。

条文注释

本条是关于本法施行日期的规定。

《立法法》第61条规定，法律应当明确规定施行日期。本法是2020年11月11日公布的，自2021年1月1日起施行，公布日期与施行日期之间留有一定的时间。这是因为，本法作为退役军人保障工作的综合性法律，对退役军人保障工作进行了全面规定，内容丰富，有必要为相关部门预留一定的时间对本法进行深入系统的学习。

附录

中华人民共和国国防法（节录）

（1997年3月14日第八届全国人民代表大会第五次会议通过　根据2009年8月27日第十一届全国人民代表大会常务委员会第十次会议《关于修改部分法律的决定》修正　2020年12月26日第十三届全国人民代表大会常务委员会第二十四次会议修订）

第六十四条　【退役军人保障制度】国家建立退役军人保障制度，妥善安置退役军人，维护退役军人的合法权益。

第六十五条　【抚恤优待残疾军人】国家和社会抚恤优待残疾军人，对残疾军人的生活和医疗依法给予特别保障。

因战、因公致残或者致病的残疾军人退出现役后，县级以上人民政府应当及时接收安置，并保障其生活不低于当地的平均生活水平。

第六十六条　【优待军人家属和烈士家属】国家和社会优待军人家属，抚恤优待烈士家属和因公牺牲、病故军人的家属。

中华人民共和国军人保险法

（2012 年 4 月 27 日第十一届全国人民代表大会常务委员会第二十六次会议通过 2012 年 4 月 27 日中华人民共和国主席令第 56 号公布 自 2012 年 7 月 1 日起施行）

目 录

第一章 总 则
第二章 军人伤亡保险
第三章 退役养老保险
第四章 退役医疗保险
第五章 随军未就业的军人配偶保险
第六章 军人保险基金
第七章 保险经办与监督
第八章 法律责任
第九章 附 则

第一章 总 则

第一条 【立法目的】为了规范军人保险关系，维护军人合法权益，促进国防和军队建设，制定本法。

第二条 【法律适用】国家建立军人保险制度。

军人伤亡保险、退役养老保险、退役医疗保险和随军未就业的军人配偶保险的建立、缴费和转移接续等适用本法。

第三条 【军人保险制度与社会保险制度相衔接】军人保险制度应当体现军人职业特点，与社会保险制度相衔接，与经济社会发展水平相适应。

国家根据社会保险制度的发展，适时补充完善军人保险制度。

第四条 【财政拨款和政策支持】国家促进军人保险事业的发展，为军人保险提供财政拨款和政策支持。

第五条 【主管部门】中国人民解放军军人保险主管部门负责全军的军人保险工作。国务院社会保险行政部门、财政部门和军队其他有关部门在各自职责范围内负责有关的军人保险工作。

军队后勤（联勤）机关财务部门负责承办军人保险登记、个人权益记录、军人保险待遇支付等工作。

军队后勤（联勤）机关财务部门和地方社会保险经办机构，按照各自职责办理军人保险与社会保险关系转移接续手续。

第六条 【军人参保待遇】军人依法参加军人保险并享受相应的保险待遇。

军人有权查询、核对个人缴费记录和个人权益记录，要求军队后勤（联勤）机关财务部门和地方社会保险经办机构依法办理养老、医疗等保险关系转移接续手续，提供军人保险和社会保险咨询等相关服务。

第二章 军人伤亡保险

第七条 【死亡保险金】军人因战、因公死亡的，按照认定的死亡性质和相应的保险金标准，给付军人死亡保险金。

第八条 【残疾保险金】军人因战、因公、因病致残的，按照评定的残疾等级和相应的保险金标准，给付军人残疾保险金。

第九条 【认定标准】军人死亡和残疾的性质认定、残疾等级评定和相应的保险金标准，按照国家和军队有关规定执行。

第十条 【不享受军人伤亡保险待遇的情况】军人因下列情形之一死亡或者致残的，不享受军人伤亡保险待遇：

（一）故意犯罪的；

（二）醉酒或者吸毒的；

（三）自残或者自杀的；

（四）法律、行政法规和军事法规规定的其他情形。

第十一条 【退役后旧伤复发军人的待遇】已经评定残疾等级的因战、

因公致残的军人退出现役参加工作后旧伤复发的,依法享受相应的工伤待遇。

第十二条　【个人不缴保费】军人伤亡保险所需资金由国家承担,个人不缴纳保险费。

第三章　退役养老保险

第十三条　【退役养老保险补助】军人退出现役参加基本养老保险的,国家给予退役养老保险补助。

第十四条　【补助标准】军人退役养老保险补助标准,由中国人民解放军总后勤部会同国务院有关部门,按照国家规定的基本养老保险缴费标准、军人工资水平等因素拟订,报国务院、中央军事委员会批准。

第十五条　【基本养老保险关系转移接续】军人入伍前已经参加基本养老保险的,由地方社会保险经办机构和军队后勤(联勤)机关财务部门办理基本养老保险关系转移接续手续。

第十六条　【缴费年限合并】军人退出现役后参加职工基本养老保险的,由军队后勤(联勤)机关财务部门将军人退役养老保险关系和相应资金转入地方社会保险经办机构,地方社会保险经办机构办理相应的转移接续手续。

军人服现役年限与入伍前和退出现役后参加职工基本养老保险的缴费年限合并计算。

第十七条　【退役后参加社保的转移接续手续】军人退出现役后参加新型农村社会养老保险或者城镇居民社会养老保险的,按照国家有关规定办理转移接续手续。

第十八条　【退役后转公务员岗位的养老保险办法】军人退出现役到公务员岗位或者参照公务员法管理的工作人员岗位的,以及现役军官、文职干部退出现役自主择业的,其养老保险办法按照国家有关规定执行。

第十九条　【按退休方式安置的退役军人的养老保险办法】军人退出现役采取退休方式安置的,其养老办法按照国务院和中央军事委员会的有关规定执行。

第四章 退役医疗保险

第二十条 【退役医疗保险补助】参加军人退役医疗保险的军官、文职干部和士官应当缴纳军人退役医疗保险费，国家按照个人缴纳的军人退役医疗保险费的同等数额给予补助。

义务兵和供给制学员不缴纳军人退役医疗保险费，国家按照规定的标准给予军人退役医疗保险补助。

第二十一条 【退役医保缴费标准和补助标准】军人退役医疗保险个人缴费标准和国家补助标准，由中国人民解放军总后勤部会同国务院有关部门，按照国家规定的缴费比例、军人工资水平等因素确定。

第二十二条 【基本医保关系转移接续】军人入伍前已经参加基本医疗保险的，由地方社会保险经办机构和军队后勤（联勤）机关财务部门办理基本医疗保险关系转移接续手续。

第二十三条 【退役后参加医保的转移接续手续】军人退出现役后参加职工基本医疗保险的，由军队后勤（联勤）机关财务部门将军人退役医疗保险关系和相应资金转入地方社会保险经办机构，地方社会保险经办机构办理相应的转移接续手续。

军人服现役年限视同职工基本医疗保险缴费年限，与入伍前和退出现役后参加职工基本医疗保险的缴费年限合并计算。

第二十四条 【退役后参加医保的手续】军人退出现役后参加新型农村合作医疗或者城镇居民基本医疗保险的，按照国家有关规定办理。

第五章 随军未就业的军人配偶保险

第二十五条 【随军未就业的军人配偶保险缴费和补助】国家为随军未就业的军人配偶建立养老保险、医疗保险等。随军未就业的军人配偶参加保险，应当缴纳养老保险费和医疗保险费，国家给予相应的补助。

随军未就业的军人配偶保险个人缴费标准和国家补助标准，按照国家有关规定执行。

第二十六条 【随军前参加社保的转移接续手续】随军未就业的军人配

偶随军前已经参加社会保险的，由地方社会保险经办机构和军队后勤（联勤）机关财务部门办理保险关系转移接续手续。

第二十七条 【配偶实现就业或军人退役时社保关系的转移】随军未就业的军人配偶实现就业或者军人退出现役时，由军队后勤（联勤）机关财务部门将其养老保险、医疗保险关系和相应资金转入地方社会保险经办机构，地方社会保险经办机构办理相应的转移接续手续。

军人配偶在随军未就业期间的养老保险、医疗保险缴费年限与其在地方参加职工基本养老保险、职工基本医疗保险的缴费年限合并计算。

第二十八条 【配偶达到退休年龄时社保关系的转移】随军未就业的军人配偶达到国家规定的退休年龄时，按照国家有关规定确定退休地，由军队后勤（联勤）机关财务部门将其养老保险关系和相应资金转入退休地社会保险经办机构，享受相应的基本养老保险待遇。

第二十九条 【地方政府与随军配偶就业、培训方面的相互协作】地方人民政府和有关部门应当为随军未就业的军人配偶提供就业指导、培训等方面的服务。

随军未就业的军人配偶无正当理由拒不接受当地人民政府就业安置，或者无正当理由拒不接受当地人民政府指定部门、机构介绍的适当工作、提供的就业培训的，停止给予保险缴费补助。

第六章 军人保险基金

第三十条 【军人保险基金的内容】军人保险基金包括军人伤亡保险基金、军人退役养老保险基金、军人退役医疗保险基金和随军未就业的军人配偶保险基金。各项军人保险基金按照军人保险险种分别建账，分账核算，执行军队的会计制度。

第三十一条 【军人保险基金的资金构成】军人保险基金由个人缴费、中央财政负担的军人保险资金以及利息收入等资金构成。

第三十二条 【保险费的缴纳】军人应当缴纳的保险费，由其所在单位代扣代缴。

随军未就业的军人配偶应当缴纳的保险费，由军人所在单位代扣代缴。

第三十三条 【纳入年度国防费预算】中央财政负担的军人保险资金，

由国务院财政部门纳入年度国防费预算。

第三十四条 【预算、决算管理】军人保险基金按照国家和军队的预算管理制度，实行预算、决算管理。

第三十五条 【专户存储】军人保险基金实行专户存储，具体管理办法按照国家和军队有关规定执行。

第三十六条 【军人保险基金的管理机构】军人保险基金由中国人民解放军总后勤部军人保险基金管理机构集中管理。

军人保险基金管理机构应当严格管理军人保险基金，保证基金安全。

第三十七条 【专款专用】军人保险基金应当专款专用，按照规定的项目、范围和标准支出，任何单位和个人不得贪污、侵占、挪用，不得变更支出项目、扩大支出范围或者改变支出标准。

第七章 保险经办与监督

第三十八条 【军人保险经办管理制度】军队后勤（联勤）机关财务部门和地方社会保险经办机构应当建立健全军人保险经办管理制度。

军队后勤（联勤）机关财务部门应当按时足额支付军人保险金。

军队后勤（联勤）机关财务部门和地方社会保险经办机构应当及时办理军人保险和社会保险关系转移接续手续。

第三十九条 【建立保险档案及提供社保咨询服务】军队后勤（联勤）机关财务部门应当为军人及随军未就业的军人配偶建立保险档案，及时、完整、准确地记录其个人缴费和国家补助，以及享受军人保险待遇等个人权益记录，并定期将个人权益记录单送达本人。

军队后勤（联勤）机关财务部门和地方社会保险经办机构应当为军人及随军未就业的军人配偶提供军人保险和社会保险咨询等相关服务。

第四十条 【军人保险信息系统建设】军人保险信息系统由中国人民解放军总后勤部负责统一建设。

第四十一条 【对保险基金收支和管理情况的监督】中国人民解放军总后勤部财务部门和中国人民解放军审计机关按照各自职责，对军人保险基金的收支和管理情况实施监督。

第四十二条 【对单位和个人守法情况的监督】军队后勤（联勤）机关、

地方社会保险行政部门，应当对单位和个人遵守本法的情况进行监督检查。

军队后勤（联勤）机关、地方社会保险行政部门实施监督检查时，被检查单位和个人应当如实提供与军人保险有关的资料，不得拒绝检查或者谎报、瞒报。

第四十三条　【信息保密】军队后勤（联勤）机关财务部门和地方社会保险经办机构及其工作人员，应当依法为军队单位和军人的信息保密，不得以任何形式泄露。

第四十四条　【举报、投诉】任何单位或者个人有权对违反本法规定的行为进行举报、投诉。

军队和地方有关部门、机构对属于职责范围内的举报、投诉，应当依法处理；对不属于本部门、本机构职责范围的，应当书面通知并移交有权处理的部门、机构处理。有权处理的部门、机构应当及时处理，不得推诿。

第八章　法 律 责 任

第四十五条　【军队后勤（联勤）机关财务部门、社保经办机构违法行为的处罚】军队后勤（联勤）机关财务部门、社会保险经办机构，有下列情形之一的，由军队后勤（联勤）机关或者社会保险行政部门责令改正；对直接负责的主管人员和其他直接责任人员依法给予处分；造成损失的，依法承担赔偿责任：

（一）不按照规定建立、转移接续军人保险关系的；

（二）不按照规定收缴、上缴个人缴纳的保险费的；

（三）不按照规定给付军人保险金的；

（四）篡改或者丢失个人缴费记录等军人保险档案资料的；

（五）泄露军队单位和军人的信息的；

（六）违反规定划拨、存储军人保险基金的；

（七）有违反法律、法规损害军人保险权益的其他行为的。

第四十六条　【贪污、侵占、挪用军人保险基金的处罚】贪污、侵占、挪用军人保险基金的，由军队后勤（联勤）机关责令限期退回，对直接负责的主管人员和其他直接责任人员依法给予处分。

第四十七条　【以欺诈等手段骗取军人保险待遇的处罚】以欺诈、伪造证明材料等手段骗取军人保险待遇的，由军队后勤（联勤）机关和社会保险行政部门责令限期退回，并依法给予处分。

第四十八条　【刑事责任】违反本法规定，构成犯罪的，依法追究刑事责任。

第九章　附　　则

第四十九条　【失业保险缴费年限】军人退出现役后参加失业保险的，其服现役年限视同失业保险缴费年限，与入伍前和退出现役后参加失业保险的缴费年限合并计算。

第五十条　【相关规定的法律适用】本法关于军人保险权益和义务的规定，适用于人民武装警察；中国人民武装警察部队保险基金管理，按照中国人民武装警察部队资金管理体制执行。

第五十一条　【施行日期】本法自2012年7月1日起施行。

退役军人安置条例

（2024年7月29日国务院、中央军事委员会令第787号公布
自2024年9月1日起施行）

第一章　总　　则

第一条　为了规范退役军人安置工作，妥善安置退役军人，维护退役军人合法权益，让军人成为全社会尊崇的职业，根据《中华人民共和国退役军人保障法》、《中华人民共和国兵役法》、《中华人民共和国军人地位和权益保障法》，制定本条例。

第二条　本条例所称退役军人，是指从中国人民解放军依法退出现役的军官、军士和义务兵等人员。

第三条 退役军人为国防和军队建设做出了重要贡献，是社会主义现代化建设的重要力量。

国家关心、优待退役军人，保障退役军人依法享有相应的权益。

全社会应当尊重、优待退役军人，支持退役军人安置工作。

第四条 退役军人安置工作坚持中国共产党的领导，坚持为经济社会发展服务、为国防和军队建设服务的方针，贯彻妥善安置、合理使用、人尽其才、各得其所的原则。

退役军人安置工作应当公开、公平、公正，军地协同推进。

第五条 对退役的军官，国家采取退休、转业、逐月领取退役金、复员等方式妥善安置。

对退役的军士，国家采取逐月领取退役金、自主就业、安排工作、退休、供养等方式妥善安置。

对退役的义务兵，国家采取自主就业、安排工作、供养等方式妥善安置。

对参战退役军人，担任作战部队师、旅、团、营级单位主官的转业军官，属于烈士子女、功臣模范的退役军人，以及长期在艰苦边远地区或者飞行、舰艇、涉核等特殊岗位服现役的退役军人，依法优先安置。

第六条 中央退役军人事务工作领导机构负责退役军人安置工作顶层设计、统筹协调、整体推进、督促落实。地方各级退役军人事务工作领导机构负责本地区退役军人安置工作的组织领导和统筹实施。

第七条 国务院退役军人工作主管部门负责全国的退役军人安置工作。中央军事委员会政治工作部门负责组织指导全军军人退役工作。中央和国家有关机关、中央军事委员会机关有关部门应当在各自职责范围内做好退役军人安置工作。

县级以上地方人民政府退役军人工作主管部门负责本行政区域的退役军人安置工作。军队团级以上单位政治工作部门（含履行政治工作职责的部门，下同）负责本单位军人退役工作。地方各级有关机关应当在各自职责范围内做好退役军人安置工作。

省军区（卫戍区、警备区）负责全军到所在省、自治区、直辖市以转业、逐月领取退役金、复员方式安置的退役军官和逐月领取退役金的退役军士移交工作，配合安置地做好安置工作；配合做好退休军官、军士以及以安排工作、供养方式安置的退役军士和义务兵移交工作。

第八条 退役军人安置所需经费,按照中央与地方财政事权和支出责任划分原则,列入中央和地方预算,并根据经济社会发展水平适时调整。

第九条 机关、群团组织、企业事业单位和社会组织应当依法接收安置退役军人,退役军人应当接受安置。

退役军人应当模范遵守宪法和法律法规,保守军事秘密,保持发扬人民军队光荣传统和优良作风,积极投身全面建设社会主义现代化国家的事业。

第十条 县级以上地方人民政府应当把退役军人安置工作纳入年度重点工作计划,纳入目标管理,建立健全安置工作责任制和考核评价制度,将安置工作完成情况纳入对本级人民政府负责退役军人有关工作的部门及其负责人、下级人民政府及其负责人的考核评价内容,作为双拥模范城(县)考评重要内容。

第十一条 对在退役军人安置工作中做出突出贡献的单位和个人,按照国家有关规定给予表彰、奖励。

第二章 退役军官安置方式

第十二条 军官退出现役,符合规定条件的,可以作退休、转业或者逐月领取退役金安置。

军官退出现役,有规定情形的,作复员安置。

第十三条 对退休军官,安置地人民政府应当按照国家保障与社会化服务相结合的方式,做好服务管理工作,保障其待遇。

第十四条 安置地人民政府根据工作需要设置、调整退休军官服务管理机构,服务管理退休军官。

第十五条 转业军官由机关、群团组织、事业单位和国有企业接收安置。

安置地人民政府应当根据转业军官德才条件以及服现役期间的职务、等级、所作贡献、专长等和工作需要,结合实际统筹采取考核选调、赋分选岗、考试考核、双向选择、直通安置、指令性分配等办法,妥善安排其工作岗位,确定相应的职务职级。

第十六条 退役军官逐月领取退役金的具体办法由国务院退役军人工作主管部门会同有关部门制定。

第十七条 复员军官按照国务院退役军人工作主管部门、中央军事委员会政治工作部门制定的有关规定享受复员费以及其他待遇等。

第三章 退役军士和义务兵安置方式

第一节 逐月领取退役金

第十八条 军士退出现役，符合规定条件的，可以作逐月领取退役金安置。

第十九条 退役军士逐月领取退役金的具体办法由国务院退役军人工作主管部门会同有关部门制定。

第二节 自主就业

第二十条 退役军士不符合逐月领取退役金、安排工作、退休、供养条件的，退役义务兵不符合安排工作、供养条件的，以自主就业方式安置。

退役军士符合逐月领取退役金、安排工作条件的，退役义务兵符合安排工作条件的，可以选择以自主就业方式安置。

第二十一条 对自主就业的退役军士和义务兵，根据其服现役年限发放一次性退役金。

自主就业退役军士和义务兵的一次性退役金由中央财政专项安排，具体标准由国务院退役军人工作主管部门、中央军事委员会政治工作部门会同国务院财政部门，根据国民经济发展水平、国家财力情况、全国城镇单位就业人员平均工资和军人职业特殊性等因素确定，并适时调整。

第二十二条 自主就业的退役军士和义务兵服现役期间个人获得勋章、荣誉称号或者表彰奖励的，按照下列比例增发一次性退役金：

（一）获得勋章、荣誉称号的，增发25%；

（二）荣立一等战功或者获得一级表彰的，增发20%；

（三）荣立二等战功、一等功或者获得二级表彰并经批准享受相关待遇的，增发15%；

（四）荣立三等战功或者二等功的，增发10%；

（五）荣立四等战功或者三等功的，增发5%。

第二十三条 对自主就业的退役军士和义务兵，地方人民政府可以根据当地实际情况给予一次性经济补助，补助标准及发放办法由省、自治区、直辖市人民政府制定。

第二十四条 因患精神障碍被评定为5级至6级残疾等级的初级军士和义务兵退出现役后，需要住院治疗或者无直系亲属照顾的，可以由安置地人民政府退役军人工作主管部门安排到有关医院接受治疗，依法给予保障。

第三节 安排工作

第二十五条 军士和义务兵退出现役，符合下列条件之一的，由安置地人民政府安排工作：

（一）军士服现役满12年的；

（二）服现役期间个人获得勋章、荣誉称号的；

（三）服现役期间个人荣获三等战功、二等功以上奖励的；

（四）服现役期间个人获得一级表彰的；

（五）因战致残被评定为5级至8级残疾等级的；

（六）是烈士子女的。

符合逐月领取退役金条件的军士，本人自愿放弃以逐月领取退役金方式安置的，可以选择以安排工作方式安置。

因战致残被评定为5级至6级残疾等级的中级以上军士，本人自愿放弃以退休方式安置的，可以选择以安排工作方式安置。

第二十六条 对安排工作的退役军士和义务兵，主要采取赋分选岗的办法安排到事业单位和国有企业；符合规定条件的，可以择优招录到基层党政机关公务员岗位。

安排工作的退役军士和义务兵服现役表现量化评分的具体办法由国务院退役军人工作主管部门会同中央军事委员会政治工作部门制定。

第二十七条 根据工作需要和基层政权建设要求，省级公务员主管部门应当确定一定数量的基层公务员录用计划，综合考虑服现役表现等因素，按照本条例第二十六条的规定择优招录具有本科以上学历的安排工作的退役军士和义务兵。招录岗位可以在省级行政区域内统筹安排。

参加招录的退役军士和义务兵是烈士子女的，或者在艰苦边远地区服现役满5年的，同等条件下优先录用。

艰苦边远地区和边疆民族地区在招录退役军士和义务兵时，可以根据本地实际适当放宽安置去向、年龄、学历等条件。

第二十八条 根据安置工作需要，省级以上人民政府可以指定一批专项岗位，按照规定接收安置安排工作的退役军士和义务兵。

第二十九条 对安排到事业单位的退役军士和义务兵，应当根据其服现役期间所作贡献、专长特长等，合理安排工作岗位。符合相应岗位条件的，可以安排到管理岗位或者专业技术岗位。

第三十条 机关、群团组织、事业单位接收安置安排工作的退役军士和义务兵的，应当按照国家有关规定给予编制保障。

国有企业应当按照本企业全系统新招录职工数量的规定比例核定年度接收计划，用于接收安置安排工作的退役军士和义务兵。

第三十一条 对接收安置安排工作的退役军士和义务兵任务较重的地方，上级人民政府可以在本行政区域内统筹调剂安排。

安置地人民政府应当在接收退役军士和义务兵的6个月内完成安排退役军士和义务兵工作的任务。

第三十二条 安排工作的退役军士和义务兵的安置岗位需要签订聘用合同或者劳动合同的，用人单位应当按照规定与其签订不少于3年的中长期聘用合同或者劳动合同。其中，企业接收军龄10年以上的退役军士的，应当与其签订无固定期限劳动合同。

第三十三条 对安排工作的残疾退役军士和义务兵，接收单位应当安排力所能及的工作。

安排工作的因战、因公致残退役军士和义务兵，除依法享受工伤保险待遇外，还享受与所在单位工伤人员同等的生活福利、医疗等其他待遇。

第三十四条 符合安排工作条件的退役军士和义务兵无正当理由拒不服从安置地人民政府安排工作的，视为放弃安排工作待遇；在待安排工作期间被依法追究刑事责任的，取消其安排工作待遇。

第三十五条 军士和义务兵退出现役，有下列情形之一的，不以安排工作方式安置：

（一）被开除中国共产党党籍的；

（二）受过刑事处罚的；

（三）法律法规规定的因被强制退役等原因不宜以安排工作方式安置的其他情形。

第四节　退休与供养

第三十六条　中级以上军士退出现役，符合下列条件之一的，作退休安置：

（一）退出现役时年满55周岁的；

（二）服现役满30年的；

（三）因战、因公致残被评定为1级至6级残疾等级的；

（四）患有严重疾病且经医学鉴定基本丧失工作能力的。

第三十七条　退休军士移交政府安置服务管理工作，参照退休军官的有关规定执行。

第三十八条　被评定为1级至4级残疾等级的初级军士和义务兵退出现役的，由国家供养终身。

因战、因公致残被评定为1级至4级残疾等级的中级以上军士，本人自愿放弃退休安置的，可以选择由国家供养终身。

国家供养分为集中供养和分散供养。

第四章　移交接收

第一节　安置计划

第三十九条　退役军人安置计划包括全国退役军人安置计划和地方退役军人安置计划，区分退役军官和退役军士、义务兵分类分批下达。

全国退役军人安置计划，由国务院退役军人工作主管部门会同中央军事委员会政治工作部门、中央和国家有关机关编制下达。

县级以上地方退役军人安置计划，由本级退役军人工作主管部门编制下达或者会同有关部门编制下达。

第四十条　伤病残退役军人安置计划可以纳入本条例第三十九条规定的计划一并编制下达，也可以专项编制下达。

退役军人随调随迁配偶和子女安置计划与退役军人安置计划一并下达。

第四十一条　中央和国家机关及其管理的企业事业单位接收退役军人的安置计划，按照国家有关规定编制下达。

第四十二条　因军队体制编制调整，军人整建制成批次退出现役的安置，由国务院退役军人工作主管部门、中央军事委员会政治工作部门会同中央和国家有关机关协商办理。

第二节　安　置　地

第四十三条　退役军人安置地按照服从工作需要、彰显服役贡献、有利于家庭生活的原则确定。

第四十四条　退役军官和以逐月领取退役金、退休方式安置的退役军士的安置地按照国家有关规定确定。

第四十五条　退役义务兵和以自主就业、安排工作、供养方式安置的退役军士的安置地为其入伍时户口所在地。但是，入伍时是普通高等学校在校学生，退出现役后不复学的，其安置地为入学前的户口所在地。

退役义务兵和以自主就业、安排工作、供养方式安置的退役军士有下列情形之一的，可以易地安置：

（一）服现役期间父母任何一方户口所在地变更的，可以在父母任何一方现户口所在地安置；

（二）退役军士已婚的，可以在配偶或者配偶父母任何一方户口所在地安置；

（三）退役军士的配偶为现役军人且符合随军规定的，可以在配偶部队驻地安置；双方同时退役的，可以在配偶的安置地安置；

（四）因其他特殊情况，由军队旅级以上单位政治工作部门出具证明，经省级以上人民政府退役军人工作主管部门批准，可以易地安置。

退役军士按照前款第二项、第三项规定在国务院确定的中等以上城市安置的，应当结婚满 2 年。

第四十六条　因国家重大改革、重点项目建设以及国防和军队改革需要等情况,退役军人经国务院退役军人工作主管部门批准,可以跨省、自治区、直辖市安置。

符合安置地吸引人才特殊政策规定条件的退役军人,由接收安置单位所在省级人民政府退役军人工作主管部门商同级人才工作主管部门同意,经国务院退役军人工作主管部门和中央军事委员会政治工作部门批准,可以跨省、自治区、直辖市安置。

第四十七条 对因战致残、服现役期间个人荣获三等战功或者二等功以上奖励、是烈士子女的退役军人,以及父母双亡的退役军士和义务兵,可以根据本人申请,由省级以上人民政府退役军人工作主管部门按照有利于其生活的原则确定安置地。

第四十八条 退役军人在国务院确定的超大城市安置的,除符合其安置方式对应的规定条件外,按照本人部队驻地安置的,还应当在驻该城市部队连续服役满规定年限;按照投靠方式安置的,还应当符合国家有关规定要求的其他资格条件。

第四十九条 退役军人服现役期间个人获得勋章、荣誉称号的,荣立一等战功或者获得一级表彰的,可以在全国范围内选择安置地。其中,退役军人选择在国务院确定的超大城市安置的,不受本条例第四十八条规定的限制。

退役军人服现役期间个人荣立二等战功或者一等功的,获得二级表彰并经批准享受相关待遇的,在西藏、新疆、军队确定的四类以上艰苦边远地区、军队确定的二类以上岛屿或者飞行、舰艇、涉核等特殊岗位服现役累计满 15 年的,可以在符合安置条件的省级行政区域内选择安置地。

退役军人在西藏、新疆、军队确定的四类以上艰苦边远地区、军队确定的二类以上岛屿或者飞行、舰艇、涉核等特殊岗位服现役累计满 10 年的,可以在符合安置条件的设区的市级行政区域内选择安置地。

第三节 交 接

第五十条 以转业、逐月领取退役金、复员方式安置的退役军官和以逐月领取退役金方式安置的退役军士的人事档案,由中央军事委员会机关部委、中央军事委员会直属机构、中央军事委员会联合作战指挥中心、战区、军兵种、中央军事委员会直属单位等单位的政治工作部门向安置地省军区（卫戍区、警备区）移交后，由安置地省军区（卫戍区、警备区）向省级人民政府退役军人工作主管部门进行移交。

安排工作的退役军士和义务兵的人事档案，由中央军事委员会机关部委、中央军事委员会直属机构、中央军事委员会联合作战指挥中心、战区、军兵种、中央军事委员会直属单位等单位的政治工作部门向安置地省级人民政府退役军人工作主管部门进行移交。

以自主就业、供养方式安置的退役军士和义务兵的人事档案，由军队师、旅、团级单位政治工作部门向安置地人民政府退役军人工作主管部门进行移交。

第五十一条　以转业、逐月领取退役金、复员方式安置的退役军官，由退役军人工作主管部门发出接收安置报到通知，所在部队应当及时为其办理相关手续，督促按时报到。

以逐月领取退役金、安排工作、供养方式安置的退役军士和以安排工作、供养方式安置的退役义务兵，应当按照规定时间到安置地人民政府退役军人工作主管部门报到；自主就业的退役军士和义务兵，应当自被批准退出现役之日起 30 日内，到安置地人民政府退役军人工作主管部门报到。无正当理由不按照规定时间报到超过 30 日的，视为放弃安置待遇。

第五十二条　退休军官和军士的移交接收，由退休军官和军士所在部队团级以上单位政治工作部门和安置地人民政府退役军人工作主管部门组织办理。

第五十三条　退役军人报到后，退役军人工作主管部门应当及时为需要办理户口登记的退役军人开具户口登记介绍信，公安机关据此办理户口登记。

退役军人工作主管部门应当督促退役军人及时办理兵役登记信息变更。

实行组织移交的复员军官，由军队旅级以上单位政治工作部门会同安置地人民政府退役军人工作主管部门和公安机关办理移交落户等相关手续。

第五十四条　对符合移交条件的伤病残退役军人，军队有关单位和安置地人民政府退役军人工作主管部门应当及时移交接收，予以妥善安置。

第五十五条　对退役军人安置政策落实不到位、工作推进不力的地区和单位，由省级以上人民政府退役军人工作主管部门会同有关部门约谈该地区人民政府主要负责人或者该单位主要负责人;对拒绝接收安置退役军人或者未完成安置任务的部门和单位,组织、编制、人力资源社会保障等部门可以视情况暂缓办理其人员调动、录(聘)用和编制等审批事项。

第五章 家属安置

第五十六条 以转业、逐月领取退役金、复员方式安置的退役军官和以逐月领取退役金、安排工作方式安置且符合家属随军规定的退役军士,其配偶可以随调随迁,未成年子女可以随迁。

以转业、逐月领取退役金、复员方式安置的退役军官身边无子女的,可以随调一名已经工作的子女及其配偶。

第五十七条 退役军人随调配偶在机关或者事业单位工作,符合有关法律法规规定的,安置地人民政府负责安排到相应的工作单位。对在其他单位工作或者无工作单位的随调随迁配偶,安置地人民政府应当提供就业指导,协助实现就业。

对安排到企业事业单位的退役军人随调配偶,安置岗位需要签订聘用合同或者劳动合同的,用人单位应当与其签订不少于3年的中长期聘用合同或者劳动合同。

鼓励和支持退役军人随调随迁家属自主就业创业。对有自主就业创业意愿的随调配偶,可以采取发放一次性就业补助费等措施进行安置,并提供就业指导服务。一次性就业补助费标准及发放办法由省、自治区、直辖市人民政府制定。随调随迁家属按照规定享受就业创业扶持相关优惠政策。

退役军人随调配偶应当与退役军人同时接收安置,同时发出报到通知。

第五十八条 退役军人随调随迁家属户口的迁移、登记等手续,由安置地公安机关根据退役军人工作主管部门的通知及时办理。

退役军人随迁子女需要转学、入学的,安置地人民政府教育行政部门应当及时办理。

第五十九条 转业军官和安排工作的退役军士自愿到艰苦边远地区工作的,其随调随迁配偶和子女可以在原符合安置条件的地区安置。

第六十条 退休军官、军士随迁配偶和子女的落户、各项社会保险关系转移接续以及随迁子女转学、入学,按照国家有关规定执行。

第六章 教育培训

第六十一条 退役军人离队前，所在部队在保证完成军事任务的前提下，应当根据需要开展教育培训，介绍国家改革发展形势，宣讲退役军人安置政策，组织法律法规和保密纪律等方面的教育。县级以上地方人民政府退役军人工作主管部门应当给予支持配合。

第六十二条 军人退出现役后，退役军人工作主管部门和其他负责退役军人安置工作的部门应当区分不同安置方式的退役军人，组织适应性培训。

对符合条件的退役军人，县级以上人民政府退役军人工作主管部门可以组织专业培训。

第六十三条 符合条件的退役军人定岗后，安置地人民政府退役军人工作主管部门、接收安置单位可以根据岗位需要和本人实际，选派到高等学校或者相关教育培训机构进行专项学习培训。退役军人参加专项学习培训期间同等享受所在单位相关待遇。

第六十四条 退役军人依法享受教育优待政策。

退役军人在达到法定退休年龄前参加职业技能培训的，按照规定享受职业技能培训补贴等相应扶持政策。

第六十五条 退役军人教育培训的规划、组织协调、督促检查、补助发放工作，以及师资、教学设施等方面保障，由退役军人工作主管部门和教育培训行政主管部门按照分工负责。

第七章 就业创业扶持

第六十六条 国家采取政府推动、市场引导、社会支持相结合的方式，鼓励和扶持退役军人就业创业。以逐月领取退役金、自主就业、复员方式安置的退役军人，按照规定享受相应就业创业扶持政策。

第六十七条 各级人民政府应当加强对退役军人就业创业的指导和服务。县级以上地方人民政府每年应当组织开展退役军人专场招聘活动，帮助退役军人就业。

对符合当地就业困难人员认定条件的退役军人，安置地人民政府应当将其纳入就业援助范围。对其中确实难以通过市场实现就业的，依法纳入公益性岗位保障范围。

第六十八条 机关、群团组织、事业单位和国有企业在招录或者招聘人员时，对退役军人的年龄和学历条件可以适当放宽，同等条件下优先招录、招聘退役军人。退役军官在军队团和相当于团以下单位工作的经历，退役军士和义务兵服现役的经历，视为基层工作经历。

各地应当设置一定数量的基层公务员职位，面向服现役满 5 年的高校毕业生退役军人招考。

用人单位招用退役军人符合国家规定的，依法享受税收优惠等政策。

第六十九条 自主就业的退役军士和义务兵入伍前是机关、群团组织、事业单位或者国有企业人员的，退出现役后可以选择复职复工，其工资、福利待遇不得低于本单位同等条件人员的平均水平。

第七十条 自主就业的退役军士和义务兵入伍前通过家庭承包方式承包的农村土地，承包期内不得违法收回或者强迫、阻碍土地经营权流转；通过招标、拍卖、公开协商等非家庭承包方式承包的农村土地，承包期内其家庭成员可以继续承包；承包的农村土地被依法征收、征用或者占用的，与其他农村集体经济组织成员享有同等权利。

符合条件的复员军官、自主就业的退役军士和义务兵回入伍时户口所在地落户，属于农村集体经济组织成员但没有承包农村土地的，可以申请承包农村土地，农村集体经济组织或者村民委员会、村民小组应当优先解决。

第七十一条 服现役期间因战、因公、因病致残被评定残疾等级和退役后补评或者重新评定残疾等级的残疾退役军人，有劳动能力和就业意愿的，优先享受国家规定的残疾人就业优惠政策。退役军人所在单位不得因其残疾而辞退、解除聘用合同或者劳动合同。

第八章 待遇保障

第七十二条 退休军官的政治待遇按照安置地国家机关相应职务层次退休公务员有关规定执行。退休军官和军士的生活待遇按照军队统一的项目和标准执行。

第七十三条 转业军官的待遇保障按照国家有关规定执行。

安排工作的退役军士和义务兵的工资待遇按照国家有关规定确定，享受接收安置单位同等条件人员的其他相关待遇。

第七十四条 退役军人服现役年限计算为工龄，退役后与所在单位工作年限累计计算，享受国家和所在单位规定的与工龄有关的相应待遇。其中，安排工作的退役军士和义务兵的服现役年限以及符合本条例规定的待安排工作时间合并计算为工龄。

第七十五条 安排工作的退役军士和义务兵待安排工作期间，安置地人民政府应当按照当地月最低工资标准逐月发放生活补助。

接收安置单位应当在安排工作介绍信开具30日内，安排退役军士和义务兵上岗。非因退役军士和义务兵本人原因，接收安置单位未按照规定安排上岗的，应当从介绍信开具当月起，按照不低于本单位同等条件人员平均工资80%的标准，逐月发放生活费直至上岗为止。

第七十六条 军人服现役期间享受的残疾抚恤金、护理费等其他待遇，退出现役移交地方后按照地方有关规定执行。退休军官和军士享受的护理费等生活待遇按照军队有关规定执行。

第七十七条 符合条件的退役军人申请保障性住房和农村危房改造的，同等条件下予以优先安排。

退役军人符合安置住房优待条件的，实行市场购买与军地集中统建相结合的方式解决安置住房，由安置地人民政府统筹规划、科学实施。

第七十八条 分散供养的退役军士和义务兵购（建）房所需经费的标准，按照安置地县（市、区、旗）经济适用住房平均价格和60平方米的建筑面积确定；没有经济适用住房的地区按照普通商品住房价格确定。所购（建）房屋产权归分散供养的退役军士和义务兵所有，依法办理不动产登记。

分散供养的退役军士和义务兵自行解决住房的，按照前款规定的标准将购（建）房费用发给本人。

第七十九条 军官和军士退出现役时，服现役期间的住房公积金按照规定一次性发给本人，也可以根据本人意愿转移接续到安置地，并按照当地规定缴存、使用住房公积金；服现役期间的住房补贴发放按照有关规定执行。

第八十条 退役军人服现役期间获得功勋荣誉表彰的，退出现役后依法享受相应待遇。

第九章 社会保险

第八十一条 军人退出现役时，军队按照规定转移军人保险关系和相应资金，安置地社会保险经办机构应当及时办理相应的转移接续手续。

退役军人依法参加养老、医疗、工伤、失业、生育等社会保险，缴纳社会保险费，享受社会保险待遇。

退役军人服现役年限与入伍前、退役后参加社会保险的缴费年限依法合并计算。

第八十二条 安排工作的退役军士和义务兵在国家规定的待安排工作期间，按照规定参加安置地职工基本养老保险并享受相应待遇，所需费用由安置地人民政府同级财政资金安排。

第八十三条 安置到机关、群团组织、企业事业单位的退役军人，依法参加职工基本医疗保险并享受相应待遇。

安排工作的退役军士和义务兵在国家规定的待安排工作期间，依法参加安置地职工基本医疗保险并享受相应待遇，单位缴费部分由安置地人民政府缴纳，个人缴费部分由个人缴纳。

逐月领取退役金的退役军官和军士、复员军官、自主就业的退役军士和义务兵依法参加职工基本医疗保险或者城乡居民基本医疗保险并享受相应待遇。

第八十四条 退休军官和军士移交人民政府安置后，由安置地人民政府按照有关规定纳入医疗保险和相关医疗补助。

退休军官享受安置地国家机关相应职务层次退休公务员的医疗待遇，退休军士医疗待遇参照退休军官有关规定执行。

第八十五条 退役军人未及时就业的，可以依法向户口所在地人力资源社会保障部门申领失业保险待遇，服现役年限视同参保缴费年限，但是以退休、供养方式安置的退役军人除外。

第八十六条 退役军人随调随迁家属，已经参加社会保险的，其社会保险关系和相应资金转移接续由社会保险经办机构依法办理。

第十章 法律责任

第八十七条 退役军人工作主管部门和其他负责退役军人安置工作的部门及其工作人员有下列行为之一的,由其上级主管部门责令改正,对负有责任的领导人员和直接责任人员依法给予处分:

(一)违反国家政策另设接收条件、提高安置门槛的;

(二)未按照规定确定退役军人安置待遇的;

(三)在退役军人安置工作中出具虚假文件的;

(四)挪用、截留、私分退役军人安置工作经费的;

(五)在退役军人安置工作中利用职务之便为自己或者他人谋取私利的;

(六)有其他违反退役军人安置法律法规行为的。

第八十八条 接收安置退役军人的单位及其工作人员有下列行为之一的,由当地人民政府退役军人工作主管部门责令限期改正;逾期不改正的,予以通报批评,并对负有责任的领导人员和直接责任人员依法给予处分:

(一)拒绝或者无故拖延执行退役军人安置计划的;

(二)在国家政策之外另设接收条件、提高安置门槛的;

(三)将接收安置退役军人编制截留、挪用的;

(四)未按照规定落实退役军人安置待遇的;

(五)未依法与退役军人签订聘用合同或者劳动合同的;

(六)违法与残疾退役军人解除聘用合同或者劳动合同的;

(七)有其他违反退役军人安置法律法规行为的。

对干扰退役军人安置工作、损害退役军人合法权益的其他单位和个人,依法追究责任。

第八十九条 退役军人弄虚作假骗取安置待遇的,由县级以上地方人民政府退役军人工作主管部门取消相关待遇,追缴非法所得,依法追究责任。

第九十条 违反本条例规定,构成违反治安管理行为的,依法给予治安管理处罚;构成犯罪的,依法追究刑事责任。

第十一章　附　　则

第九十一条　中国人民武装警察部队依法退出现役的警官、警士和义务兵等人员的安置，适用本条例。

本条例有关军官的规定适用于军队文职干部。

士兵制度改革后未进行军衔转换士官的退役安置，参照本条例有关规定执行。

第九十二条　军官离职休养和少将以上军官退休后，按照国务院和中央军事委员会的有关规定安置管理。

军队院校学员依法退出现役的，按照国家有关规定执行。

已经按照自主择业方式安置的退役军人的待遇保障，按照国务院和中央军事委员会的有关规定执行。

第九十三条　本条例自 2024 年 9 月 1 日起施行。《退役士兵安置条例》同时废止。

军队转业干部安置暂行办法

（2001 年 1 月 19 日中共中央、国务院、中央军委印发
中发〔2001〕3 号）

第一章　总　　则

第一条　为了做好军队转业干部安置工作，加强国防和军队建设，促进经济和社会发展，保持社会稳定，根据《中华人民共和国国防法》、《中华人民共和国兵役法》和其他有关法律法规的规定，制定本办法。

第二条　本办法所称军队转业干部，是指退出现役作转业安置的军官和文职干部。

第三条　军队转业干部是党和国家干部队伍的组成部分，是重要的人才资源，是社会主义现代化建设的重要力量。

军队转业干部为国防事业、军队建设作出了牺牲和贡献，应当受到国家和社会的尊重、优待。

第四条　军队干部转业到地方工作，是国家和军队的一项重要制度。国家对军队转业干部实行计划分配和自主择业相结合的方式安置。

计划分配的军队转业干部由党委、政府负责安排工作和职务；自主择业的军队转业干部由政府协助就业、发给退役金。

第五条　军队转业干部安置工作，坚持为经济社会发展和军队建设服务的方针，贯彻妥善安置、合理使用、人尽其才、各得其所的原则。

第六条　国家设立军队转业干部安置工作机构，在中共中央、国务院、中央军事委员会领导下，负责全国军队转业干部安置工作。

省（自治区、直辖市）设立相应的军队转业干部安置工作机构，负责本行政区域的军队转业干部安置工作。市（地）可以根据实际情况设立军队转业干部安置工作机构。

第七条　解放军总政治部统一管理全军干部转业工作。

军队团级以上单位党委和政治机关负责本单位干部转业工作。

省军区（卫戍区、警备区）负责全军转业到所在省、自治区、直辖市干部的移交，并配合当地党委、政府做好军队转业干部安置工作。

第八条　接收、安置军队转业干部是一项重要的政治任务，是全社会的共同责任。党和国家机关、团体、企业事业单位，应当按照国家有关规定，按时完成军队转业干部安置任务。

第九条　军队转业干部应当保持和发扬人民军队的优良传统，适应国家经济和社会发展的需要，服从组织安排，努力学习，积极进取，为社会主义现代化建设贡献力量。

第十条　对在社会主义现代化建设中贡献突出的军队转业干部和在军队转业干部安置工作中做出显著成绩的单位、个人，国家和军队给予表彰奖励。

第二章　转业安置计划

第十一条　全国的军队转业干部安置计划，由国家军队转业干部安置工作主管部门会同解放军总政治部编制下达。

省(自治区、直辖市)的军队转业干部安置计划,由省(自治区、直辖市)军队转业干部安置工作主管部门编制下达。

中央和国家机关及其管理的在京企业事业单位军队转业干部安置计划,由国家军队转业干部安置工作主管部门编制下达。

中央和国家机关京外直属机构、企业事业单位的军队转业干部安置计划,由所在省(自治区、直辖市)军队转业干部安置工作主管部门编制下达。

第十二条 担任团级以下职务(含处级以下文职干部和享受相当待遇的专业技术干部,下同)的军队干部,有下列情形之一的,列入军队干部转业安置计划:

(一)达到平时服现役最高年龄的;

(二)受军队编制员额限制不能调整使用的;

(三)因身体状况不能坚持军队正常工作但能够适应地方工作的;

(四)其他原因需要退出现役作转业安置的。

第十三条 担任团级以下职务的军队干部,有下列情形之一的,不列入军队干部转业安置计划:

(一)年龄超过50周岁的;

(二)二等甲级以上伤残的;

(三)患有严重疾病,经驻军医院以上医院诊断确认,不能坚持正常工作的;

(四)受审查尚未作出结论或者留党察看期未满的;

(五)故意犯罪受刑事处罚的;

(六)被开除党籍或者受劳动教养丧失干部资格的;

(七)其他原因不宜作转业安置的。

第十四条 担任师级职务(含局级文职干部,下同)或高级专业技术职务的军队干部,年龄50周岁以下的,本人申请,经批准可以安排转业,列入军队干部转业安置计划。

担任师级职务或高级专业技术职务的军队干部,年龄超过50周岁、地方工作需要的,可以批准转业,另行办理。

第十五条 因军队体制、编制调整或者国家经济社会发展需要,成建制成批军队干部的转业安置,由解放军总政治部与国家军队转业干部安置工作主管部门协商办理。

中央和国家机关及其管理的在京企业事业单位计划外选调军队干部，经大军区级单位政治机关审核并报解放军总政治部批准转业后，由国家军队转业干部安置工作主管部门办理审批。

第三章 安置地点

第十六条 军队转业干部一般由其原籍或者入伍时所在省（自治区、直辖市）安置，也可以到配偶随军前或者结婚时常住户口所在地安置。

第十七条 配偶已随军的军队转业干部，具备下列条件之一的，可以到配偶常住户口所在地安置：

（一）配偶取得北京市常住户口满 4 年的；

（二）配偶取得上海市常住户口满 3 年的；

（三）配偶取得天津市、重庆市和省会（自治区首府）城市、副省级城市常住户口满 2 年的；

（四）配偶取得其他城市常住户口的。

第十八条 父母身边无子女或者配偶为独生子女的军队转业干部，可以到其父母或者配偶父母常住户口所在地安置。未婚的军队转业干部可以到其父母常住户口所在地安置。

父母双方或者一方为军人且长期在边远艰苦地区工作的军队转业干部，可以到父母原籍、入伍地或者父母离退休安置地安置。

第十九条 军队转业干部具备下列条件之一的，可以到配偶常住户口所在地安置，也可以到其父母或者配偶父母、本人子女常住户口所在地安置：

（一）自主择业的；

（二）在边远艰苦地区或者从事飞行、舰艇工作满 10 年的；

（三）战时获三等功、平时获了二等功以上奖励的；

（四）因战因公致残的。

第二十条 夫妇同为军队干部且同时转业的，可以到任何一方的原籍或者入伍地安置，也可以到符合配偶随军条件的一方所在地安置；一方转业，留队一方符合配偶随军条件的，转业一方可以到留队一方所在地安置。

第二十一条 因国家重点工程、重点建设项目、新建扩建单位以及其他工作需要的军队转业干部，经接收单位所在省（自治区、直辖市）军队转业干部安置工作主管部门批准，可以跨省（自治区、直辖市）安置。

符合安置地吸引人才特殊政策规定条件的军队转业干部，可以到该地区安置。

第四章 工作分配与就业

第二十二条 担任师级职务的军队转业干部或者担任营级以下职务（含科级以下文职干部和享受相当待遇的专业技术干部，下同）且军龄不满20年的军队转业干部，由党委、政府采取计划分配的方式安置。

担任团级职务的军队转业干部或者担任营级职务且军龄满20年的军队转业干部，可以选择计划分配或者自主择业的方式安置。

第二十三条 计划分配的军队转业干部，党委、政府应当根据其德才条件和在军队的职务等级、贡献、专长安排工作和职务。

担任师级领导职务或者担任团级领导职务且任职满最低年限的军队转业干部，一般安排相应的领导职务。接收师、团级职务军队转业干部人数较多、安排领导职务确有困难的地区，可以安排相应的非领导职务。

其他担任师、团级职务或者担任营级领导职务且任职满最低年限的军队转业干部，参照上述规定，合理安排。

第二十四条 各省、自治区、直辖市应当制定优惠的政策措施，鼓励军队转业干部到艰苦地区和基层单位工作。

对自愿到边远艰苦地区工作的军队转业干部，应当安排相应的领导职务，德才优秀的可以提职安排。

在西藏或者其他海拔3500米以上地区连续工作满5年的军队转业干部，应当安排相应的领导职务或者非领导职务，对正职领导干部安排正职确有困难的，可以安排同级副职。

第二十五条 各地区、各部门、各单位应当采取使用空出的领导职位、按规定增加非领导职数或者先进后出、带编分配等办法，安排好师、团级职务军队转业干部的工作和职务。

党和国家机关按照军队转业干部安置计划数的15%增加行政编制，所增加的编制主要用于安排师、团级职务军队转业干部。

各地区、各部门、各单位应当把师、团级职务军队转业干部的安排与领导班子建设通盘考虑，有计划地选调师、团级职务军队转业干部，安排到市(地)、县(市)级领导班子或者事业单位、国有大中型企业领导班子任职。

第二十六条 担任专业技术职务的军队转业干部，一般应当按照其在军队担任的专业技术职务或者国家承认的专业技术资格，聘任相应的专业技术职务；工作需要的可以安排行政职务。

担任行政职务并兼任专业技术职务的军队转业干部，根据地方工作需要和本人志愿，可以安排相应的行政职务或者聘任相应的专业技术职务。

第二十七条 国家下达的机关、团体、事业单位的年度增人计划，应当首先用于安置军队转业干部。编制满员的事业单位接收安置军队转业干部，按照实际接收人数相应增加编制，并据此增加人员工资总额计划。

第二十八条 党和国家机关接收计划分配的军队转业干部，按照干部管理权限，在主管部门的组织、指导下，对担任师、团级职务的，采取考核选调等办法安置；对担任营级以下职务的，采取考试考核和双向选择等办法安置。对有的岗位，也可以在军队转业干部中采取竞争上岗的办法安置。

第二十九条 对计划分配到事业单位的军队转业干部，参照其军队职务等级安排相应的管理或者专业技术工作岗位，并给予3年适应期。

企业接收军队转业干部，由军队转业干部安置工作主管部门编制计划，根据军队转业干部本人志愿进行分配，企业安排管理或者专业技术工作岗位，并给予2年适应期。

军队转业干部可以按照有关规定与用人单位签订无固定期限或者有固定期限劳动、聘用合同，用人单位不得违约解聘、辞退或者解除劳动、聘用合同。

第三十条 中央和国家机关京外直属机构、企业事业单位，应当按时完成所在地党委、政府下达的军队转业干部安置任务。需要增加编制、职数和工资总额的，其上级主管部门应当予以支持。

第三十一条 对自主择业的军队转业干部，安置地政府应当采取提供政策咨询、组织就业培训、拓宽就业渠道、向用人单位推荐、纳入人才市场等措施，为其就业创造条件。

第三十二条 党和国家机关、团体、企业事业单位在社会上招聘录用人员时，对适合军队转业干部工作的岗位，应当优先录用、聘用自主择业的军队转业干部。

第三十三条 对从事个体经营或者创办经济实体的自主择业的军队转业干部，安置地政府应当在政策上给予扶持，金融、工商、税务等部门，应当视情提供低息贷款，及时核发营业执照，按照社会再就业人员的有关规定减免营业税、所得税等税费。

第五章 待 遇

第三十四条 计划分配到党和国家机关、团体、事业单位的军队转业干部，其工资待遇按照不低于接收安置单位与其军队职务等级相应或者同等条件人员的标准确定，津贴、补贴、奖金以及其他生活福利待遇，按照国家有关规定执行。

第三十五条 计划分配到党和国家机关、团体、事业单位的军队转业干部，退休时的职务等级低于转业时军队职务等级的，享受所在单位与其转业时军队职务等级相应或者同等条件人员的退休待遇。

本条规定不适用于到地方后受降级以上处分的军队转业干部。

第三十六条 计划分配到企业的军队转业干部，其工资和津贴、补贴、奖金以及其他生活福利待遇，按照国家和所在企业的有关规定执行。

第三十七条 军队转业干部的军龄，计算为接收安置单位的连续工龄（工作年限），享受相应的待遇。在军队从事护理、教学工作，转业后仍从事该职业的，其在军队的护龄、教龄应当连续计算，享受接收安置单位同类人员的待遇。

第三十八条 自主择业的军队转业干部，由安置地政府逐月发给退役金。团级职务和军龄满20年的营级职务军队转业干部的月退役金，按照本人转业时安置地同职务等级军队干部月职务、军衔（级别）工资和军队统一规定的津贴补贴为计发基数80%的数额与基础、军龄工资的全额之和计发。军龄满20年以上的，从第21年起，军龄每增加一年，增发月退役金计发基数的1%。

第三十九条 自主择业的军队转业干部，按照下列条件和标准增发退役金：

（一）荣立三等功、二等功、一等功或者被大军区级以上单位授予荣誉称号的，分别增发月退役金计发基数的5%、10%、15%。符合其中两项以上的，按照最高的一项标准增发。

(二)在边远艰苦地区或者从事飞行、舰艇工作满10年、15年、20年以上的,分别增发月退役金计发基数的5%、10%、15%。符合其中两项以上的,按照最高的一项标准增发。

本办法第三十八条和本条各项规定的标准合并计算后,月退役金数额不得超过本人转业时安置地同职务等级军队干部月职务、军衔、基础、军龄工资和军队统一规定的津贴补贴之和。

第四十条 自主择业的军队转业干部的退役金,根据移交地方安置的军队退休干部退休生活费调整的情况相应调整增加。

经济比较发达的地区,自主择业军队转业干部的月退役金低于安置地当年党和国家机关相应职务等级退休干部月退休生活费数额的,安置地政府可以发给差额补贴。

自主择业的军队转业干部的退役金,免征个人所得税。

自主择业的军队转业干部,被党和国家机关选用为正式工作人员的,停发退役金。其工资等各项待遇按照本办法第三十四条规定执行。

第四十一条 自主择业的军队转业干部去世后,从去世的下月起停发退役金。区别不同情况,一次发给本人生前10个月至40个月的退役金作为抚恤金和一定数额的退役金作为丧葬补助费。具体办法由有关部门另行制定。

自主择业的军队转业干部的遗属生活确有困难的,由安置地政府按照国家和当地的有关规定发给生活困难补助金。

第四十二条 计划分配的军队转业干部,享受所在单位与其军队职务等级相应或者同等条件人员的政治待遇;自主择业的军队转业干部,享受安置地相应职务等级退休干部的有关政治待遇。

第四十三条 军队转业干部在服现役期间被中央军事委员会授予荣誉称号的,比照全国劳动模范(先进工作者)享受相应待遇;被大军区级单位授予荣誉称号或者荣立一等功,以及被评为全国模范军队转业干部的,比照省部级劳动模范(先进工作者)享受相应待遇。

第六章 培 训

第四十四条 军队转业干部的培训工作,是军队转业干部安置工作的重要组成部分,各级党委、政府和有关部门应当在政策和经费等方面提供必要保障。

第四十五条 对计划分配的军队转业干部应当进行适应性培训和专业培训，有条件的地区也可以在安置前组织适应性培训。培训工作贯彻“学用结合、按需施教、注重实效”和“培训、考核、使用相结合”的原则，增强针对性和实用性，提高培训质量。

军队转业干部培训的规划、组织协调和督促检查工作，由军队转业干部安置工作主管部门负责。

第四十六条 计划分配的军队转业干部的专业培训，由省（自治区、直辖市）按部门或者专业编班集中组织实施，培训时间不少于3个月。

军队转业干部参加培训期间享受接收安置单位在职人员的各项待遇。

第四十七条 自主择业的军队转业干部的就业培训，主要依托军队转业干部培训中心具体实施，也可以委托地方院校、职业培训机构承担具体工作。负责培训的部门应当根据社会人才需求合理设置专业课程，加强定向职业技能培训，以提高自主择业的军队转业干部就业竞争能力。

第四十八条 军队转业干部培训中心，主要承担计划分配的军队转业干部的适应性培训和部分专业培训，以及自主择业的军队转业干部的就业培训。

军队转业干部安置工作主管部门应当加强对军队转业干部培训中心的管理。军队转业干部培训中心从事社会服务的收益，主要用于补助培训经费的不足。

第四十九条 各级教育行政管理部门应当在师资、教学设施等方面，支持军队转业干部培训工作。对报考各类院校的军队转业干部，应适当放宽年龄条件，在与其他考生同等条件下，优先录取；对获二等功以上奖励的，应适当降低录取分数线投档。

第七章 社会保障

第五十条 军队转业干部的住房，由安置地政府按照统筹规划、优先安排、重点保障、合理负担的原则给予保障，主要采取购买经济适用住房、现有住房或者租住周转住房，以及修建自有住房等方式解决。

计划分配的军队转业干部，到地方单位工作后的住房补贴，由安置地政府或者接收安置单位按照有关规定解决。自主择业的军队转业干部，到地方后未被党和国家机关、团体、企业事业单位录用聘用期间的住房补贴,按照安置地党和国家机关与其军队职务等级相应或者同等条件人员的住房补贴的规定执行。

军队转业干部因配偶无住房补贴,购买经济适用住房超过家庭合理负担的部分,个人支付确有困难的,安置地政府应当视情给予购房补助或者优先提供住房公积金贷款。

军队转业干部住房保障具体办法,按照国家有关规定执行。

第五十一条 军队转业干部的军龄视同社会保险缴费年限。其服现役期间的医疗等社会保险费,转入安置地社会保险经办机构。

第五十二条 计划分配到党和国家机关、团体、事业单位的军队转业干部,享受接收安置单位与其军队职务等级相应或者同等条件人员的医疗、养老、失业、工伤、生育等社会保险待遇;计划分配到企业的军队转业干部,按照国家有关规定参加社会保险,缴纳社会保险费,享受社会保险待遇。

第五十三条 自主择业的军队转业干部,到地方后未被党和国家机关、团体、企业事业单位录用聘用期间的医疗保障,按照安置地党和国家机关与其军队职务等级相应或者同等条件人员的有关规定执行。

第八章 家属安置

第五十四条 军队转业干部随调配偶的工作,安置地党委、政府应当参照本人职务等级和从事的职业合理安排,与军队转业干部同时接收安置,发出报到通知。调入调出单位相应增减工资总额。

对安排到实行合同制、聘任制企业事业单位的军队转业干部随调配偶,应当给予2年适应期。适应期内,非本人原因不得擅自违约解聘、辞退或者解除劳动、聘用合同。

第五十五条 军队转业干部随迁配偶、子女符合就业条件的,安置地政府应当提供就业指导和服务,帮助其实现就业;对从事个体经营或者创办经济实体的,应当在政策上给予扶持,并按照国家和安置地促进就业的有关规定减免税费。

第五十六条 军队转业干部配偶和未参加工作的子女可以随调随迁,各地公安部门凭军队转业干部安置工作主管部门的通知及时办理迁移、落户手续。随迁子女需要转学、入学的，由安置地教育行政管理部门负责安排；报考各类院校时，在与其他考生同等条件下优先录取。

军队转业干部身边无子女的，可以随调一名已经工作的子女及其配偶。

各地在办理军队转业干部及其随调随迁配偶、子女的工作安排、落户和转学、入学事宜时，不得收取国家政策规定以外的费用。

第五十七条 军队转业干部随调随迁配偶、子女，已经参加医疗、养老、失业、工伤、生育等社会保险的，其社会保险关系和社会保险基金，由社会保险经办机构按照国家有关规定一并转移或者继续支付。未参加社会保险的，按照国家和安置地有关规定，参加医疗、养老、失业、工伤、生育等社会保险。

第九章 安置经费

第五十八条 军队转业干部安置经费，分别列入中央财政、地方财政和军费预算，并根据经济社会发展，逐步加大投入。

军队转业干部安置工作涉及的行政事业费、培训费、转业生活补助费、安家补助费和服现役期间的住房补贴，按照现行的经费供应渠道予以保障。

军队转业干部培训经费的不足部分由地方财政补贴。安置业务经费由本级财政部门解决。

第五十九条 自主择业的军队转业干部的退役金，由中央财政专项安排；到地方后未被党和国家机关、团体、企业事业单位录用聘用期间的住房补贴和医疗保障所需经费，由安置地政府解决。

第六十条 军队转业干部安置经费应当专款专用，不得挪用、截留、克扣、侵占，有关职能部门对安置经费的使用情况应当进行监督检查。

第十章 管理与监督

第六十一条 各级党委、政府应当把军队转业干部安置工作纳入目标管理，建立健全领导责任制，作为考核领导班子、领导干部政绩的重要内容和评选双拥模范城（县）的重要条件。

第六十二条 军队转业干部安置工作主管部门主要负责军队转业干部的计划安置、就业指导、就业培训、经费管理和协调军队转业干部的社会保障等工作。

自主择业的军队转业干部，由军队转业干部安置工作主管部门管理，主要负责自主择业的军队转业干部的政策指导、就业培训、协助就业、退役金发放、档案接转与存放，并协调解决有关问题；其他日常管理服务工作，由户口所在街道、乡镇负责。

第六十三条　各级党委、政府应当加强对军队转业干部安置工作的监督检查，坚决制止和纠正违反法律、法规和政策的行为；对拒绝接收军队转业干部或者未完成安置任务的部门和单位，组织、人事、编制等部门可以视情暂缓办理其人员调动、录用和编制等审批事项。

第六十四条　军队转业干部到地方报到前发生的问题，由其原部队负责处理；到地方报到后发生的问题，由安置地政府负责处理，涉及原部队的，由原部队协助安置地政府处理。

对无正当理由经教育仍不到地方报到的军队转业干部，由原部队根据有关规定给予党纪、军纪处分或者其他处罚。

第六十五条　退出现役被确定转服军官预备役的军队转业干部，到地方接收安置单位报到时，应当到当地人民武装部进行预备役军官登记，履行其预备役军官的职责和义务。

第六十六条　凡违反本办法规定，对军队转业干部安置工作造成严重影响的单位和个人，视情节轻重给予批评教育或者处分、处罚；构成犯罪的，依法追究刑事责任。

第十一章　附　　则

第六十七条　中国人民武装警察部队转业干部的安置工作，按照本办法执行。

第六十八条　各省、自治区、直辖市依据本办法制定实施细则。

第六十九条　本办法自发布之日起施行，适用于此后批准转业的军队干部。以往有关军队转业干部安置工作的规定，凡与本办法不一致的，以本办法为准。

第七十条　本办法由国家军队转业干部安置工作主管的部门会同有关部门负责解释。

伤病残士兵退役交接安置工作规程(试行)

(2012年10月20日民政部印发 民办发〔2012〕24号)

为建立健全伤病残士兵退役交接安置工作长效机制,推动伤病残士兵退役交接安置工作规范、高效、有序进行,根据《退役士兵安置条例》(国务院、中央军委令第608号)、《军人抚恤优待条例》(国务院、中央军委令第602号)和有关法规文件,制定本规程。

一、士兵残疾性质认定和等级评定

士兵出现伤病残情后,所在部队应积极组织治疗,及时掌握医疗情况。医疗期满后,凡符合评定残疾申报条件的士兵(精神病患者由其利害关系人,下同),可以向所在团级以上单位后(联)勤机关卫生部门申请残疾性质认定和残疾等级评定。

(一)残疾性质认定。

残疾性质分为因战致残、因公致残和因病致残,其中:

因战致残是指:①对敌作战负伤致残的;②因执行任务遭敌人或者犯罪分子伤害致残,或者被俘、被捕后不屈遭敌人折磨致残的;③为抢救和保护国家财产、人民生命财产或者执行反恐怖任务和处置突发事件致残的;④因执行军事演习、战备航行飞行、空降和导弹发射训练、试航试飞任务以及参加武器装备科研试验致残的;⑤在执行外交任务或者国家派遣的对外援助、维持国际和平任务中致残的;⑥其他因战致残的。

因公致残是指:①在执行任务中或者在上下班途中,由于意外事件致残的;②因患职业病致残的;③在执行任务中或者在工作岗位上因病猝然致残,或者因医疗事故致残的;④其他因公致残的。

因病致残是指:患因公致残第②、③项规定情形以外其他疾病致残的。

(二)残疾等级评定。

根据士兵医疗期满后器官缺损、功能障碍、心理障碍和对医疗护理依赖的程度，将士兵因战、因公（含职业病）残疾等级评定标准由重至轻分为1级至10级。其中，1级至6级适用于因病致残的义务兵和初级士官。残疾等级评定按照民政部、人力资源和社会保障部、卫生部、总后勤部《军人残疾等级评定标准》（民发〔2011〕218号），总参谋部、总政治部、总后勤部《军人因病基本丧失工作能力医学鉴定和因战因公因病致残残疾等级评定管理办法》（后发〔2011〕27号），总后勤部《军人因病基本丧失工作能力医学鉴定标准》（后卫〔2011〕844号）等有关规定执行。

二、交接安置方式和适用对象

伤病残士兵交接安置包括计划移交安置、集中移交安置、随年度士兵退役安置三种方式。不同交接安置方式适用于不同的对象，其中：

计划移交安置方式主要适用于不宜由政府安排工作或需由国家供养终身的伤病残退役士兵：①因战、因公、因病（不含精神病）被评定为1级至4级残疾等级的义务兵和初级士官；②因患精神病被评定为1级至6级残疾等级的义务兵和初级士官；③自愿放弃退休安置的因战、因公被评定为1级至4级残疾等级的中级以上士官；④参照执行的军队院校伤病残士官学员。

集中移交安置方式主要适用于符合由政府安排工作条件、退役时未选择自主就业安置的伤病残退役士兵：①因战被评定为5级至8级残疾等级的士兵；②因战被评定为9级至10级残疾等级的服现役满12年（2011年11月前入伍且服现役满10年）的士官；③因公被评定为7级至10级残疾等级的服现役满12年（2011年11月前入伍且服现役满10年）的士官；④2011年11月以前入伍因公被评定为5级至8级残疾等级的士官；⑤其他需要集中移交安置的伤病残士兵；⑥参照执行的军队院校伤病残士官学员。

随年度士兵退役安置方式主要适用于不符合由政府安排工作条件的伤病残退役士兵：①因战被评定为9级至10级残疾等级的义务兵和服役未满12年（2011年11月前入伍且服现役未满10年）的士官；②因公被评定为5级至10级残疾等级的义务兵和服役未满12年（2011年11月前入伍且服现役未满10年）的士官；③因病（不含精神病）被评定为5级至6级残疾等级的义务兵和服役未满12年（2011年11月前入伍且服现役未满10年）的初级士官；④其他随年度士兵退役的伤病残义务兵和士官；⑤参照执行的军队院校伤病残士官学员。

三、实行计划移交安置的伤病残士兵交接安置流程

(一)交接前的准备。

1. 逐级汇总上报。每年部队将已评定残疾等级和医学鉴定符合计划移交安置要求的伤病残士兵情况进行汇总,并将人员名单逐级上报至总参谋部军务部。

2. 整理档案材料。伤病残士兵所在团(旅)级单位的军务部门对伤病残士兵档案进行整理,其中档案材料和残级等级评定、医学鉴定材料应当符合《中国人民解放军士兵档案管理规定》(〔2002〕参字第5号)、《军人因病基本丧失工作能力医学鉴定和因战因公因病致残残疾等级评定管理办法》(后发〔2011〕27号)等有关要求。伤病残士兵档案材料主要包括:①入伍材料,包括应征公民体格检查表、应征公民政治审查表(1990年3月以前入伍为应征公民入伍登记表)、应征公民入伍批准书(1990年3月以前入伍士兵无此件)、士兵登记表(1990年冬季以前入伍的士兵无此表)等;②党(团)员材料,主要是入党(团)志愿书;③军衔、职务晋升调整材料,包括士兵军衔报告(登记)表、士兵任职报告表;④奖惩材料,包括个人奖励登记(报告)表、处分登记(报告)表;⑤士官材料,包括士官注册登记表(1979年至1990年选改的志愿兵为志愿兵申请表,1991年至1998年选取的士官为选改专业军士报告表,1999年至2009年选取的士官为士官选取报告表)、士官学员入学批准书(1997年以前为军士长学员毕业分配表,1998年、1999年为军士长学员入学批准书);⑥医疗和评残鉴定相关证明材料;⑦退出现役材料,包括义务兵退出现役登记表、士官退出现役登记表;⑧其他按规定需要装入档案的材料。

3. 军地共同做好伤病残士兵及家属的思想工作。伤病残士兵所在团(旅)级单位应及时向安置地民政部门通报有关情况,安置地民政部门应主动向伤病残士兵及其家属讲清有关安置政策,会同部队共同做好相关人员的思想工作,消除顾虑,为顺利移交安置奠定基础。

4. 结转相关费用。接到上级单位通知后,伤病残士兵所在团(旅)级部队应及时结算相关费用,主要包括:①复员(退伍)费;②一次性安置补助费;③一次性退役金(因患精神病被评定为5级至6级残疾等级的义务兵和初级士官享受);④移交当年残疾抚恤金及其他费用;⑤军队的军人保险管理部门与地方的社会保险经办机构,应当按照国家有关规定为退役士兵办理保险关系转移接续手续。对患精神病的伤病残退役士兵,应当在其利害关系人的协助下办理。

（二）交接程序。大军区级单位军务部门与省级民政部门协商确定1级至4级残疾士兵退役供养方式、5级至6级患精神病残疾士兵收治方式。

军地分别逐级下发年度移交安置通知、下达移交安置计划和人员名单，民政部商财政部下拨分散供养的1级至4级残疾士兵购（建）房补助费。

部队与安置地民政部门联系沟通、移交档案→安置地民政部门审查档案材料并将审查结果、交接时间等及时通告伤病残士兵所在旅（团）级单位→军地组织移交接收→落实安置待遇。

详见实行计划移交安置的伤病残士兵交接安置流程图（附件1）。

（三）安置待遇。1级至4级残疾等级的，由国家供养终身，分为集中供养和分散供养。对需要长年医疗或者独身一人不便分散安置的，经省级人民政府民政部门批准，可以集中供养；对不符合集中供养条件或者虽符合集中供养条件但本人自愿回家休养的，可以分散供养。国家供养的伤病残退役士兵，按规定享受抚恤、医疗、护理和住房等待遇。分散供养的，购（建）房经费标准按照安置地县（市）经济适用住房价格（没有经济适用住房的按照普通商品房价格）和60平方米建筑面积确定。购（建）房所需经费由中央财政专项安排，不足部分由地方财政解决。购（建）房屋产权归分散供养的残疾退役士兵所有。分散供养的残疾退役士兵自行解决住房的，按照上述标准将购（建）房费用发给本人。患精神病的义务兵和初级士官，需要住院治疗或独身一人无直系亲属照顾的，送民政部门管理的精神病医院接收治疗，按有关规定进行保障。

四、实行集中移交安置的伤病残士兵交接安置流程

（一）交接前的准备。

1. 逐级汇总上报。每年部队将已评定残疾等级符合集中移交安置要求的伤病残士兵情况进行汇总，并将人员名单逐级上报至总参谋部军务部。

2. 整理档案材料。与实行计划移交安置伤病残退役士兵档案材料内容相同。

3. 军地共同做好伤病残士兵及家属的思想工作。伤病残士兵所在大军区级单位军务部门按规定时间向省级民政部门通报有关情况、移交档案材料；安置地民政部门对档案材料复审后，应主动向伤病残士兵家属讲清安置政策，会同部队共同做好相关人员的思想工作，消除顾虑，为顺利移交安置奠定基础。

4. 结转相关费用。一般包括:①转业(复员、退伍)费;②一次性安置补助费(5 级至 6 级伤病残士兵享受);③移交当年残疾抚恤金及其他费用;④军队的军人保险管理部门与地方的社会保险经办机构,应当按照国家有关规定为退役士兵办理保险关系转移接续手续。

(二)交接程序。民政部、总参谋部下发年度符合政府安排工作条件退役士兵(包括伤病残退役士兵)移交安置工作通知、明确集中移交安置计划和人员名单→军队大单位军务部门整理、移交档案材料→省级安置部门集中审档、签发《接收安置通知书》→伤病残士兵报到、安置地民政部门接收→落实安置待遇。

详见实行集中移交安置的伤病残士兵交接安置流程图(附件 2)。

(三)安置待遇。符合政府安排工作条件未选择自主就业的伤病残退役士兵,按规定享受抚恤、医疗、保险接续、安排工作等待遇。安置地县级以上地方人民政府应当在接收伤病残退役士兵 6 个月内,完成本年度安排伤病残退役士兵工作的任务。待安排工作期间,安置地人民政府应当按照不低于当地最低生活水平的标准,按月发给生活补助费。承担安排伤病残退役士兵工作任务的单位,应在安置部门开出介绍信 1 个月内安排伤病残退役士兵上岗,并与其依法签订期限不少于 3 年的劳动合同或者聘用合同,不得因其残疾与其解除劳动关系或者人事关系。伤病残退役士兵服现役年限和待安排工作时间计算为工龄,享受所在单位同等条件人员的工资、福利待遇,以及所在单位工伤人员同等的生活福利和医疗待遇。非因伤病残退役士兵本人原因,接收单位未按照规定安排其上岗的,应当从安置部门开出介绍信的当月起,按照不低于本单位同等条件人员平均工资 80% 的标准,逐月发给伤病残退役士兵生活费至其上岗为止。

五、随年度退役士兵离队的伤病残士兵退役安置流程

(一)退役离队前的准备。

1. 整理档案材料。按照实行计划移交安置伤病残退役士兵档案材料要求整理相关档案材料。

2. 结转相关费用。①复员(退伍)费;②一次性安置补助费(5 级至 6 级伤病残士兵享受);③一次性退役金;④移交当年残疾抚恤金及其他费用;⑤军队的军人保险管理部门与地方的社会保险经办机构,应当按照国家有关规定为退役士兵办理保险关系转移接续手续。

（二）离队报到程序。伤病残士兵随年度退役士兵退出现役离队返乡。

部队军务部门按规定要求移交档案→伤病残退役士兵到安置地民政部门报到、安置地民政部门审查档案、办理接收→落实安置待遇。

部队应当督促伤病残退役士兵按规定时间到安置地民政部门报到；安置地民政部门应当向伤病残退役士兵及其家属讲清相关安置政策，引导他们服从政府安排。

详见随年度退役士兵离队的伤病残士兵退役安置流程图（附件3）。

（三）安置待遇。随年度退役士兵离队的伤病残士兵，符合政府安排工作条件的，按国家有关政策规定予以安置；自主就业的，按规定享受抚恤、医疗、保险接续、免费职业教育和技能培训、小额贷款、税收减免、一次性退役金和一次性经济补助等待遇。地方政府采取组织职业介绍、就业推荐、专场招聘会等方式扶持其就业。自主就业的伤病残退役士兵可以免费参加政府组织的职业教育和技能培训，在从事个体经营、复工复职、复学、承包农村土地等方面享受相关优惠政策，有就业能力的优先享受国家规定的残疾人就业优惠政策。伤病残退役士兵服现役年限计算为工龄，与所在单位工作年限累计计算，享受国家和所在单位规定的与工龄有关的相应待遇。

中国人民武装警察部队伤病残士兵退役交接安置工作参照本规程执行。

附件：（略）

军队离休退休干部服务管理办法

（2014年9月23日民政部令第53号公布　2021年12月1日退役军人事务部令第5号修订）

第一章　总　　则

第一条　为了做好军队离休退休干部服务管理工作，根据《中华人民共和国退役军人保障法》和国家有关规定，制定本办法。

本办法所称军队离休退休干部，是指移交政府安置的由退役军人事务部门服务管理的中国人民解放军和中国人民武装警察部队离休退休干部（以下简称军休干部）。

第二条 军休干部服务管理应当从维护军休干部的合法权益出发，贯彻执行国家关于军休干部的法律法规和政策，完善军休干部服务保障和教育管理机制，落实军休干部政治待遇和生活待遇。

军休干部服务管理坚持政治关心、生活照顾、服务优先、依法管理的原则。

第三条 军休干部服务管理工作坚持党的领导，由退役军人事务部门主管，军休服务管理机构（以下简称军休机构）具体组织实施。

退役军人事务部门应当依法负责军休干部服务管理工作，及时研究解决存在的问题，监督检查军休服务管理相关法律法规和政策措施落实情况。

军休机构是服务和管理军休干部的专设机构，包括军休服务管理中心、军休所、军休服务站等，承担军休干部服务管理具体工作。

第四条 军休干部服务管理应当与经济发展相协调，与社会进步相适应，实行国家保障与社会化服务相结合。

第五条 对在军休干部服务管理中做出突出贡献的单位和个人，按照国家有关规定给予表彰、奖励。

第二章 服务管理内容

第六条 退役军人事务部门、军休机构应当加强军休干部思想政治工作，引导军休干部继续发扬人民军队优良传统，模范遵守宪法和法律法规，永葆政治本色。

第七条 退役军人事务部门、军休机构应当按照规定落实军休干部政治待遇，组织军休干部阅读有关文件、听取党和政府重要会议精神传达等。

退役军人事务部门应当主动协调当地离退休干部管理部门，将军休干部纳入本级老干部工作体系。

第八条 退役军人事务部门在国家、地方和军队举行重大庆典和重大政治活动时，应当按照要求组织军休干部参加。

第九条 退役军人事务部门应当协调当地人民政府和军队有关负责人，在八一建军节、春节等重大节日走访慰问军休干部。

第十条 退役军人事务部门应当按规定落实军休干部荣誉疗养制度，对服役期间或移交安置后作出突出贡献的军休干部，分层级、分批次组织疗养。

第十一条 军休机构应当做好以下服务保障工作：

（一）举行新接收军休干部迎接仪式。

（二）按时发放军休干部离退休费和津贴补贴，帮助符合条件的军休干部落实优抚待遇。

（三）协调做好军休干部的医疗保障工作，落实体检制度，建立健康档案，开展医疗保健知识普及活动，引导军休干部科学保健、健康养生。

（四）培育军休干部文化队伍，开展军休文化体育活动，引导和鼓励军休干部参与社会文化活动。

（五）开展经常性走访探望，定期了解军休干部情况和需求，提供必要的关心照顾。

（六）协助办理军休干部去世后的丧葬事宜，按照政策规定落实遗属待遇。

第十二条 退役军人事务部门、军休机构应当依法依规加强对军休干部参加社会组织、出国（境）、著作出书、发表言论等事项的管理，督促军休干部遵纪守法和遵守军休机构各项规章制度。

第十三条 退役军人事务部门、军休机构应当鼓励支持军休干部保持和发扬优良传统，发挥自身优势，继续贡献力量。

第三章 服务管理方式

第十四条 军休机构应当建立健全工作制度，为军休干部老有所养、老有所医、老有所教、老有所学、老有所为、老有所乐创造条件。

第十五条 军休机构应当建立值班制度，并采取定期联系、定人包户等方式，为军休干部提供及时、方便的日常服务保障。

第十六条 军休机构应当坚持共性服务和个性化服务相结合，为军休干部提供细致周到的服务。对失能、失智、重病、高龄、独居、空巢等军休干部，应当重点照顾并提供必要帮助。

第十七条 军休机构应当按照退役军人事务部门制定的规范标准，推进服务管理工作标准化建设，确保规范运行。

第十八条 军休机构应当推进社会化服务，根据需要引进医疗、养老、志愿服务等方面力量，为军休干部提供多元服务。

第十九条 退役军人事务部门、军休机构应当加强信息化建设，充分运用信息化技术，发挥军休安置服务管理信息系统、网络“军休所”等信息化平台作用，提高工作效率，实现精准服务。

第二十条 退役军人事务部门、军休机构应当推进军休老年大学建设，线上线下融合，扩大教学供给，提高办学水平，不断满足军休干部终身学习需求。

第二十一条 退役军人事务部门应当健全军休机构服务网格，加强军休干部服务保障。

第二十二条 军休干部管理委员会是在军休机构内军休干部自我教育、自我管理、自我服务的群众性组织。

军休机构内设有军休干部管理委员会的，军休机构党组织应当加强对军休干部管理委员会的领导，按照有关规定组织开展活动，发挥军休干部管理委员会的作用，定期听取军休干部管理委员会工作情况报告，研究解决其反映的问题。

第四章 军休机构建设

第二十三条 退役军人事务部门根据安置管理工作实际，按照统筹规划、合理布局、精干高效、便于服务的原则设置、调整军休机构。

第二十四条 军休机构实行法定代表人负责制，对重大问题实行科学决策、民主决策。

军休机构应当依法依规落实政策公开、财务公开、服务公开，接受军休干部和工作人员监督。

第二十五条 军休机构应当加强党组织建设，改进和创新军休干部党组织工作，落实党的组织生活制度，增强党组织的政治功能和组织力，使之成为组织、凝聚、教育军休干部和工作人员的坚强堡垒。

加强军休干部中的流动党员管理，将流动党员就近安排在暂住地军休机构党组织参加组织生活。

第二十六条 军休机构应当加强基础设施建设，设置会议室、活动室、阅览室、荣誉室等场所，根据军休干部特点和需求，因地制宜开展适老化改造，具备条件的可引进或设立养老、医疗、助餐等功能设施，建立必要的室外文化体育活动场地，创造良好休养环境。

第二十七条 军休机构应当按规定用好军休经费，加强军休经费和国有资产管理，提高使用效益，接受有关部门的审计监督。

第二十八条 军休机构应当加强军休干部档案管理。

第二十九条 军休机构应当加强安全管理，制定并落实卫生、灾害等突发事件应急预案，增强风险防控和应急处置能力，及时消除安全隐患，防止安全责任事故发生。

第五章 服务管理工作人员

第三十条 退役军人事务部门应当加强军休服务管理工作人员队伍建设，在编制员额内配齐配强工作力量，优化队伍结构。

第三十一条 军休机构在编制员额内新聘用工作人员，除国家政策性安置、按照人事管理权限由上级任命、涉密岗位等人员外，应当面向社会公开招聘，同等条件下优先聘用退役军人、军人家属。

第三十二条 退役军人事务部门可以通过引进专业化服务等渠道充实工作力量。

第三十三条 服务管理工作人员应当强化能力素质和作风纪律，树牢全心全意为军休干部服务的意识。

第三十四条 退役军人事务部门、军休机构应当定期开展教育培训、岗位练兵、业务竞赛等活动，提高工作人员思想政治素质、政策理论水平和服务管理能力。

第三十五条 退役军人事务部门应当建立以军休干部满意度为主要内容的服务管理工作监督考评体系，定期对军休机构及其负责人进行测评。

退役军人事务部门、军休机构应当建立工作人员绩效考核、岗位交流制度。对军休政策落实不到位、工作推进不力的人员，按照有关规定进行处理。

第六章　附　　则

第三十六条　中国人民解放军和中国人民武装警察部队移交政府安置的退休军(警)士的服务管理参照本办法执行。

第三十七条　本办法自 2022 年 1 月 1 日起施行。